Jan Martensen

Wie geht das? Danke, gut!

Jan Martensen

Wie geht das? Danke, gut!

Der Zauberer packt aus.

Bibliografische Information der Deutschen Nationalbibliothek: Die Deutsche Nationalbibliothek verzeichnet diese Publikation in der Deutschen Nationalbibliografie; detaillierte bibliografische Daten sind im Internet über dnb.dnb.de abrufbar.

Titelfoto und Covergestaltung: Inga Lübker, Kiel

Herstellung und Verlag: BoD - Books on Demand, Norderstedt

ISBN: 978-3-7578-8598-4

Für Jeff.

Liebe Leserinnen und Leser,

vielen Dank für Ihr Interesse an meinen Backstage-Texten!

Ich freue mich, wenn Sie gemeinsam mit mir lachen und sich amüsieren über Landgasthof-Garderoben, Polizei-Mumien oder lustige Omas.

Natürlich wünsche ich mir auch sehr, dass Sie möglichst viele Kinder und Jugendliche darin unterstützen, Kultur regelmäßig zu erleben und vielleicht sogar zu gestalten.

Also! Auf ins Theater, zum Kinderzirkus, in die Musikschule, es wird sich sehr lohnen!

Herzlich danken möchte ich an dieser Stelle natürlich noch zwei inspirierenden Zauber-künstlern: meinem ersten Zauberlehrer Jochen Polster und meinem Freund Ingo Oschmann, der sogar ein kleines Vorwort geschrieben hat. Danke!

Wir sehen uns ganz sicher bei einem Auftritt, vor, neben und hinter der Bühne, im Landgasthof, auf dem Festival, in Ihrem Wohnzimmer – ich bin bereit!

Jan Martensen

Jan Martensen ist ein Phänomen. Wenn man ihn persönlich trifft, ist er IMMER nett, freundlich, gut gelaunt, schlagfertig, unglaublich witzig und optisch wie aus dem Ei gepellt.

Egal zu welcher Uhrzeit und egal an welchem Ort. Das schaffen nur Superhelden….

Ah…, ok…, jetzt ist es klar: Er ist SYMPHATIC-MAN.

Das merkt man auch in seinen Texten. Nie böse, nie übergriffig, belehrend oder meckerig. Seine Welt ist positiv, bunt, offen, unglaublich lustig und einladend. Wie er selbst halt auch.

Dieses Buch ist ein Geschenk, an Sie, an mich an uns alle! Und wissen sie was? Ich bin doppelt beschenkt. Ich darf dieses Buch betrachten *und* Jan Martensen meinen Freund nennen.

Das können sie auch. Sie müssen ihn nur lesen.

Viel Spaß!

Ingo Oschmann

1. Endlich

Endlich 2015! „Das Warten hat ein Ende" – so oder so ähnlich hörte ich in den letzten Wochen in meinem Freundeskreis mehrere Ausatmer. Das neue Jahr wurde dringend herbeigesehnt, zumeist aus sehr persönlichen Gründen. Der eine kann den Urlaub Ende Februar nicht erwarten, die andere beginnt ein neues Sportprogramm. Jemand wird bald befördert, eine Kollegin erwartet ihr erstes Kind. Und überhaupt. 2014 war zu lange warm, dann zu lange kalt, die Politik kann gar nichts und teurer ist auch alles geworden. 2015! Moin! Wir haben so lange auf Dich gewartet.

Och, soo schlimm war's für mich irgendwie nicht, denn warten, ja, das kann ich. Das kann jeder Künstler. Stellen Sie sich bitte folgende Situation vor: Sie sind engagiert zu einer privaten Feier, zum Beispiel in einem Kieler Vereinsheim. 50 Gäste speisen und sollen zu späterer Stunde kurzweilig unterhalten werden, sagen wir so circa 30 Minuten lang. Sie sind um 21 Uhr vor Ort, in einer halben Stunde sollen Sie loslegen. Nach konspirativer Begrüßung in einem Flur oder auf dem Parkplatz beginnt die Wartezeit, bis das Personal des Hauses grünes Licht gibt. Aber: Oma Erna hat da noch ein schööööönes plattdeutsches Gedicht, die Suppe etwas Verspätung und –

Überraschung- das 100 Zentimeter lange Buffet für 50 Leute dann doch etwas länger gedauert.

Nicht ohne Grund gehört zu den „TOP 10 der Veranstalterlügen" der Ausspruch „Sie kommen selbstverständlich direkt nach dem Dessert!", übrigens dicht gefolgt von „Natürlich kann man direkt am Gebäude parken" und „Sie bekommen die Gage in bar vor Ort, gleich nach dem Auftritt".

Ich habe mir relativ schnell abgewöhnt, das alles als Ärgernis zu sehen. Wenn man pünktlich da ist, also quasi 2 Stunden zu früh, kann man nicht nur den folgenden Auftritt in Ruhe vorbereiten, seine Requisiten oder Texte sortieren und sich neue Gags ausdenken. Neulich wartete ich 60 Minuten länger als geplant auf dem sehr hochflorigen Teppichkunstwerk in einem noblen Hotel in der Stadtmitte. Eine Mitarbeiterin bereitete im Raum nebenan die Konferenz des Folgetages vor, wir kommen ins Gespräch. Am Ende kenne ich diverse harte Hotelfakten („Die Schokoladenkekse gehen im Mai am schnellsten weg, Businessfrauen trinken viel mehr Wasser als Männer und mehr als 70 Prozent nehmen *jeden* Werbekugelschreiber mit"), habe vier Kartentricks gezeigt und weiß nun, dass die Soroptimisten die nettesten Gäste des letzten Jahres waren. Oft genug komme ich also mit dem Personal vor Ort ins Gespräch – und ich kann Ihnen sagen: In Kiels Gastronomie arbeiten sehr spannende Menschen. Von diesen Begegnungen „von hinter der Bühne" werde ich Ihnen, liebe Leserschaft, in den nächsten Monaten erzählen. Darauf freue ich mich. Und auf 2016. Soll auch ziemlich gut werden, hab ich gehört.

2. Ehrensache

Moin! Heute geht es um einen besonderen und viele besondere Menschen. Den ersten Kontakt mit Zauberkunst hatte ich im Rahmen des Kieler Ferienpasses 1993 im wunderbaren Jugendtreff De Twiel, kurz darauf durfte ich schon bei Auftritten des Zauberclubs mitmachen und erlangte so relativ schnell bescheidene Bühnenerfahrung. Eine meiner ersten eigenen Stationen war dann die Räucherei in der Preetzer Straße, ein AWO-Kleinod mit engagiertem Team und kreativen Veranstaltungen. Es war herrlich, herrlich unkompliziert und irgendwie anders. Ich bin in den folgenden Jahren mit verschiedenen Projekten immer wieder dort gewesen und es war jedes Mal eine Freude. Natürlich lernte ich dort auch Hans Jäger kennen, den Gründer vom Kinderzirkus „Beppolino": eine stattliche Erscheinung mit verrückten Ideen, großem Witz und Hang zum liebevollen Poltern (das gilt für Hans und die Gruppe). Er hat etwas geschafft, um das ihn viele Pädagogen beneiden, er erschuf eine riesige Zirkustruppe mit eigenem Zelt und echtem Tourneeplan, in der weitestgehend ehrenamtlich Dutzenden Kindern eine sinnvolle Freizeitbeschäftigung, viel Selbstvertrauen und nicht zuletzt eine zweite (oder auch erste) Familie geboten wird. Das 15-jährige Jubiläum seines

Lieblingsprojekts hat Hans leider nicht mehr erlebt, er fehlt allen sehr. Den Beppolinos und allen Helfern kommt Ende 2014 eine rührende Idee, man möchte im Februar eine Gala mit Gastkünstlern veranstalten, um an Hans zu erinnern – und zwar zugunsten von Jana, seiner bezaubernden Tochter, die gerade eine kostspielige Ausbildung macht. Und so schwärmt es aus, das Zirkusteam, und fragt einfach die langjährigen Wegbegleiter an. Allen ist sofort klar: Ehrensache. Keine Gage, dafür aber das Beppolino-Wir-Gefühl und viele glückliche Gesichter. Deal! Samstag, da treffen sich nun alle im Backstage der Räucherei: wilde Kinder, alte Hasen, Freunde des Hauses, Freunde von Hans, Freunde von Jana. Gemeinsam schießen Sie ein Feuerwerk der Lebensfreude ab, das Publikum ist super, die Laune prima. In drei Blöcken à 90 Minuten wird gesungen, gelacht, getanzt. Pyramiden, Clowns, Konfetti. Hinter der Bühne lachen wir viel, sind gerührt oder zusammen traurig in Erinnerungen. Wir.

Außerdem fürs Protokoll: Zaubertrick im letzten Moment noch gerettet, endlich mal Gerd Hausotto persönlich kennen gelernt (obwohl wir ohne Witz in der gleichen Straße wohnen), Kay Kankowsky endlich mal ins Gesicht gesagt, dass ich seine Lieder mag, mich beim Gastronomen entschuldigt, dass ich ihn mit dem Deutsch-rocksänger verwechselt habe, und am Ende glücklich nach Hause.

Menschen, die für etwas brennen, können andere entfachen. Im Falle von Hans sogar noch im Nachhinein. Es sollte eine wichtige Aufgabe von Eltern sein, diese Menschen für ihre Kinder zu finden. Los! Kiel ist voll davon.

3. Abgemacht

Moin! Wenn man mehrere Jahre in der Kieler „Szene" unterwegs ist, trifft man natürlich Menschen auch ein zweites oder vierzigstes Mal. Oft ist das sehr angenehm, weil man ja quasi im gleichen Boot sitzt, manchmal sogar im wörtlichen Sinne, zum Beispiel auf der MS Stadt Kiel, und die gleichen Themen, Aufreger, Problemchen hat. Diese Künstlerbekannt-schaften münden dann manch-mal in Netzwerken oder sogar Freundschaften. Auf genau diese Weise habe ich irgendwann dann Hanne Pries kennen gelernt, Grundschullehrerin, Tiffany-Sängerin, Kolumnistin; eine tolle Frau. Und: witzig, unschlagbar witzig. Neulich treffe ich sie zum wiederholten Male im künstlerfreundlichen Backstage eines Gasthofes (weniger glamourös wäre die Bezeichnung „Bundeskegelbahn, die halt heute mal nicht vermietet ist und deswegen als Umziehraum dient. Ungeheizt."). Das Schöne an Garderoben ist ja bekanntlich, dass man sie, wie im Allgemeinen auch Fernreisen aufgrund von Stau oder „Laub auf den Gleisen", oft noch etwas länger als geplant genießen kann. Hanne tritt mit ihrer sympathischen Tanzgruppe T-Kiela auf, schließlich ist ja Käthes 70. Geburtstag. Programm: Tanz, Ständchen, Zauberer, Torte. Die 17 T-Kielas jedenfalls haben eine sehr professionelle Grundeinstellung: Wir sind hier, also haben wir jetzt auch Spaß. Ja, da mach' ich dann doch einfach mal mit. Die 60 Minuten Verzögerung, die aufgrund von verspäteten Gästen, drei plattdeutschen Gedichten von einer Tante Erna und einem sterbenden CD-Player entsteht, überbrücken wir tatsächlich mit Wein (wenig), Weib (viel) und Gesang (sehr viel). Und jetzt kommt's: Obwohl sowohl Hanne als auch die Tänzerinnen meine Show schon mehrfach gesehen haben, bleiben sie nach ihrem eigenen Auftritt, um meinen zu erleben. Gut, könnte man meinen, eventuell wegen der Torte – aber weit gefehlt. Als die Gäste die opulente Kuchen-zeremonie durchführen, sind wir wieder gemeinsam auf der Kegelbahn und geben uns gegenseitig Feedback. Rückmeldungen unter Künstlerfreunden sind eine ganz eigene Gattung der Kommunikation, es dauert lange, bis man so ungefähr weiß, was die Floskeln und was die ehrlichen Teile sind. Es ist einfach schön, wenn man die ehrlichen Kollegen öfter trifft. Ich jedenfalls würde es auch gerne öfter erleben, in meiner Garderobe kreischend und mit Küsschen begrüßt zu werden - nur mal so nebenbei. Hanne hat mich wegen dieser Kolumne übrigens eingeladen, im Sommer bei einem der großen Tiffanykonzerte im Backstage zu sein – ich bin gespannt und werde berichten. Eine zweite

Einladung erfolgte aus dem Theater, außerdem gab es drei Anrufe mit sehr interessanten Ideen, wo Kiel „backstage" am schönsten ist. Haben Sie noch eine weitere Idee? Her damit. Ich schau vorbei. Auch in ungeheizten Räumen.

4. Freundschaft!

Moin! Kennen Sie den Spruch „Das Gegenteil von Freund ist Parteifreund"? Einige meiner Kollegen behaupten, in der Künstlerszene sähe es ähnlich aus, man gönne sich nicht mal das „Schwarze unter den Nägeln". Bei diesem Satz wird mir gleich doppelt schlecht – erstens ist das ein ekliges Bild, zweitens sollte doch die Kunst frei von Negativem sein. Klar, wir sind ein bunter Haufen, das ist völlig unstrittig – oder glauben Sie, man kann ganz normal sein, wenn man wie meine Freunde auf der Bühne im Kostüm des „Deutschen Roten Herz" mit Knochen jongliert (Frau Schmerzlos), sein Gesicht in wenigen Minuten dutzendfach verwandelt (Maskenzauberer Tonga) oder das Publikum mit einer gekochten Packung Spaghetti in Lachanfälle peitscht (Werner Orlowski vom Zauberhaften Varieté)? Aber (ein schöneres Wort an dieser Stelle ist: Gleichwohl) das ist doch auch in Ordnung. Gerade weil wir Künstler Dinge präsentieren, die eben nicht normal sind, werden wir doch gebucht, beklatscht, erinnert! „Normal" kann doch auch im Leben nie das Ziel sein. Für niemanden. Ich jedenfalls habe die verschiedensten Persönlichkeiten der Kleinkunst- und Varietéwelt immer als spannenden Gewinn empfunden. Man lernt so aufregende Leute kennen, die man sonst nie getroffen hätte. Hinrich Fiedler zum Beispiel, er ist der sehr eloquente und wahnsinnig sympathische Gründer und das Gesicht von Baltic Catering (ja, der, der auch die Ballonfahrten macht). Mit den Anekdoten und Geschichten, die er mir in der letzten Weihnachtszirkusspielzeit so ganz nebenbei erzählt hat, könnte ich zwei Jahre Kolumnen schreiben. Wenn ich knapp zusammenfasse. Hoffentlich schreibt *er* mal ein Buch. Apropos. Ich empfehle Ihnen heute mal zwei Spitzentitel, die sehr treffend schildern, wie es so hinter den Kulissen einer deutschen Festlichkeit zugeht. Der fantastische Zauberkünstler Topas hat vor einem halben Jahr „Jungfrau gesucht, Säge vorhanden" veröffentlicht, Sie werden es lieben. Für die DJ-Zunft ist Thomas Sünder zum Sprachrohr geworden: „Wer Ja sagt, darf auch Tante Inge ausladen" – ich habe Tränen gelacht, vor allem, weil es so wahr ist, was er schreibt.

Zurück zum Stück. Ich weigere mich einfach, hinter jeder Ecke Missgunst zu vermuten – und bin damit seit 1993 auch dufte gefahren. Gut, ich habe auch schon erlebt, dass Kunden meine Kontaktdaten verlegt hatten und einen alteingesessenen Zauberer nach meiner Nummer fragten – und er ihnen ausführlich erklärte, warum er eigentlich viel besser und günstiger sei. Brutus!

Aber das ist eigentlich nichts zum Verzweifeln, sondern zum hysterischen Lachen (so, wie man auch lachen würde, wenn es hieße „Kader Loth wird Bundeskanzlerin" oder so). Und zum Mitleid haben. Aber doch kein Grund, gleich die ganze „Szene" für bösartig zu halten. Oder? Ich ruf' jetzt mal Hinni an.

5. Fundgrube

Moin! Ich komme gerade von meinem Fotografen Lukas Meuser, wir haben Fotos für die Weihnachtswerbung geschossen. Für die Weihnachtswerbung. Im Juni. Oh Mann. Natürlich, wenn wir Karten für den Dinnerzirkus verkaufen wollen, macht es Sinn, den potenziellen Zuschauern die Möglichkeit zu geben, erst mal von den Shows zu erfahren, am besten mit lustigen oder das Interesse weckenden Bildern. Es hat aber dennoch etwas sehr Absurdes, wenn zwei deutlich volljährige Männer sich bei bestem Sonnenwetter mit Tannenzweigen und Kunstschnee, Nikolausmütze und Mistelzweigen bewaffnen, um schöne und festliche Motive zu finden - und trotz exzellenter Planung, die das ausschließen sollte, anderen Leuten begegnen. „Moin! Wir machen Fotos für…" – „Frohe Weihnachten, hahahaha!" – „Hm". Na gut. Aber ich hatte ja letzten Monat schon erwähnt, dass es völlig in Ordnung ist, wenn einen die Leute für leicht bescheuert halten. Echt weihnachtliche Fotos und viel Spaß hatten Lukas und ich trotzdem oder gerade deshalb. Wie immer.

Apropos immer: Die Kieler Woche steht bevor, es geht wieder los. Gut, da ich ja quasi im Auge des Tornados wohne (praktisch), habe ich natürlich ein Parkplatztrauma (unpraktisch) – aber ansonsten bin ich für ein großes Juhu! Hier ein antizyklisches Ranking: Am zweitbesten an der Kieler Woche finde ich die Fähnchen an den roten Bussen - findet sich unter den Lesern vielleicht eine Mehrheit für eine Ganzjahres-busbeflaggungspetition - am allerbesten die Atmosphäre an sich mit all den Künstlern und Straßenaktionen; dieses Fest ist eine Wucht. Meine beste Freundin Nihal und ich können stundenlang an derselben Stelle stehen und einfach nur schauen. Wir fühlen uns dann ein wenig wie in den Pariser Bistros, in denen die Stühle alle zur Straße gerichtet sind. Natürlich freue ich mich auch auf meine eigenen Auftritte, aber zu einigen Terminen erscheine ich als begeisterter Zuschauermuggel. An beiden Samstagen kann man die Kieler Kultband Tiffany erleben, deren fantastische Sängerin Hanne Pries mich ja wie berichtet in ihr Kieler-Woche-Backstage einlud, da bin ich natürlich dabei und werde Ihnen davon berichten. Was liegt da wohl so alles rum? Obst? Kakao? Gelo Revoice? Und kann man mit nur mit Zeltwänden und Catering einen Ruhepol schaffen? Außerdem besuche ich garantiert die „Kieler Stadtbekannten", seit Jahrzehnten der Name für ziemlich schräges Straßentheater. Dufte! Kieler-Woche-Premiere feierten sie 1988, nach längerer Pause sind sie dann endlich wieder seit letztem Jahr dabei, dieses Mal am ersten Samstag und dann ab Dienstag täglich vor der AWR-Bühne unweit der Krusenkoppel. Das kleine Ensemble ist für seine gute Stimmung vor und hinter den Kulissen bekannt und ich freue mich sehr auf meinen Besuch als ganz normaler Fan. Ich verspreche hiermit außerdem, ohne Weihnachtsdekoration zu kommen. Ehrlich.

6. Parallelwelt

Moin! Ich habe die Kieler Woche in vollen Zügen genossen. Sie auch? Nur an einem Tag habe ich die Stadtmitte abends verlassen, um für die Mutter einer Freundin aufzutreten, ein 70. Geburtstag mit fast 80 Gästen, edler Gasthof am Stadtrand. Es wird getanzt und gelacht, Irene hatte Glück und kann mit vielen lieben Menschen feiern. Als ich nach meiner Show nochmals zu ihr gehe und sie frage, ob sie denn auch schon auf der Kieler Woche war, lehnt sie brüsk ab: „Nein, zu voll, zu laut, zu teuer, ich bin zu alt für sowas". Ich schaue mich um und sehe das riesige Buffet, die befrackten Kellner, den wunderbaren DJ und viele tanzende Rentner, Enkel, Freunde – und muss schmunzeln.

Während Irene also nach ihrem Geschmack weiterfeiert, fahre ich zurück in die Innenstadt und finde nach nur 25 Minuten Umdenpuddingfahren einen legalen (!) Parkplatz (!) in Wohnungsnähe (!), hui. Für einige Minuten überlege ich, ob ich statt kurzzeitigem Nutzer zum gefühlten Besitzer dieses Parkplatzes werden möchte, leider muss ich zwei Tage später ja aber irgendwie in die Schule kommen. Früher hatte ich mal so ein Schild im Fenster, auf dem „Zauberer im Einsatz" stand. Das kann hilfreich sein, wenn man kreativ parkt, da man der letzte ist, der zu einem Fest erscheint, und der erste, der wieder geht. Seit den großen Harry-Potter-Zeiten jedoch ist der Begriff Zauberer leider semantisch in eine solche Schieflage geraten, dass die Muggel einen für esoterisch-fragwürdig halten. Zurück zum Stück. Ich bin wie berichtet eingeladen, Hanne Pries und ihre Band Tiffany hinter der Bühne zu begleiten. Sie spielen auf der NDR-Bühne und eine Woche später im Musikzelt, beide Locations verfügen über ein großzügiges Backstage, beide haben es geschafft, dieses in eine angenehme Wohlfühlzone zu verwandeln. Es gibt sogar einen entspannten Koch und viele Sofas. Auch die Sicherheitsmänner und Techniker sind eingespielt und trotz hoher Professionalität wirklich witzig. Hanne und die Jungs sagen, dass sie die Kieler-Woche-Auftritte auch besonders wegen der freundlichen Teams mögen würden. Generell sollten die erfolgreichen Projekte, die Kieler Künstlern ein Forum bieten, wie die fantastische Junge Bühne im Schlossgarten, mehr wertgeschätzt werden. Und wenn dann zum Beispiel der NDR seinen Platz mit einer lokalen Tanzkapelle voll bekommt, ist das doch ein richtiges Zeichen. Bitte nicken Sie jetzt!

Lustigerweise liefen dann an beiden Tagen die Dinge ähnlich, Hanne hatte mehrere Outfits und zog dann doch das an, was sie sowieso als erstes in der Hand hatte, Sänger Arne hatte mehrere Outfits und zog dann das einzige an, was gebügelt war. Viele Tausend Zuschauer erlebten zwei Konzerte, die anders waren, als ein „normaler" Bandauftritt. Tiffany hat sich nie verbiegen lassen, sie sind einfach echt. Die launischen Moderationen, die sehr direkte und echte Interaktion mit dem Publikum („Habt Ihr Montag auch zu Ersten?") und die handwerklich schlicht sehr gut gemachte Musik garantierten je 3 Stunden Dauerparty. Mein Freund Jeff wird schon nach dem ersten Konzert sagen, Tiffany, das sei anständige Tanzmusik mit Haltung. Recht hat er. Danke.

7. Klimawandel

Moin! Sommerferien und ich sind traditionell sehr eng befreundet, das verstehen Sie ja sicher. Für mich sind die 6 Wochen zwischen den Schuljahren aber nicht nur Erholung oder Erlebniszeitraum, sondern traditionell die Zeit der Zauberworkshops. Ich selbst habe 1993 im Rahmen des Ferienpasses bei Jochen Polster im Kinder- und Jugendtreff De Twiel angefangen, „Zaubern für Anfänger" zu betreiben – das war eines der Highlights meiner Kindheit (neben Knight Rider und A-Team, außerdem stand „auf den Kronshagener Spielplatz gehen und dort Detektiv spielen" extrem hoch im Kurs). Gott sei Dank hatte die feste Zaubergruppe damals einen Platz für mich frei und – wie mein Zauberfreund Horst sagen würde – das Unheil nahm seinen Lauf. Im Jahr 2001 habe ich die Sommerkurse und den Zauberclub von meinem Mentor übernommen und auch dieses Jahr gibt es mehrere Kurse, zum Beispiel in Kiel und Kronshagen. Wer danach möchte, kann sich um einen festen Platz in unserem Club bewerben. Auffällig ist, dass sich die „Freizeitkonkurrenz" verändert hat. Früher war der Rivale einer festen Kindergruppe höchstens mal der Fußballclub, Gitarrengruppen oder Konfirmandenunterricht. Heute habe ich das Gefühl, dass sich Kinder und Eltern manchmal nicht mehr auf Regelmäßigkeit einlassen wollen. Der Klassiker „Was machst Du in Deiner Freizeit?" wird seit Jahren immer öfter mit „Chillen" oder „Joa, Facebook halt" beantwortet. Das kann's doch aber nicht sein... Falls Sie die Möglichkeit haben, Einfluss zu nehmen, lassen Sie uns den Freizeitklimawandel aufhalten: Instrumente sind eine tolle Erfindung, Sport ist super und Vereine im Allgemeinen sowieso. Meine feste Zaubergruppe und ich freuen uns auf jeden Fall, wenn auch einige Kinder der Leserinnen und Leser den Weg zu uns finden. Herzlich willkommen! Wie seit über 30 Jahren üblich werden wir Streichhölzer wie von Geisterhand bewegen, Karten ziehen lassen und wiederfinden und die Eltern mit überraschenden Seiltricks in Erstaunen versetzen. Für viele der Kinder ist dann der Abschlusstag die erste Aufführung im Leben, in der sie ganz allein vor Publikum stehen. Aufregend! Das Backstage ist in der Regel ein einfacher und recht kleiner Gruppenraum. Das hört sich schlimm an, ist aber kein Problem. Zauberkunst hat ja auch viel mit Geheimnissen zu tun, die Kinder sind meistens nach wenigen Augenblicken eine verschworene Gemeinschaft, die die Trickerklärungen geheim hält und sich nach außen nichts anmerken lässt. Das führt unweigerlich dazu, dass beim Abschlusstag alle am selben Strang ziehen und sich durchgehend gut benehmen. An dieser

Stelle wiederhole ich übrigens meine Forderung, in unseren Schulen mehr Theater zu spielen... Restplätze für die Zauberkurse und alle anderen tollen Angebote der Ferienpässe finden Sie im Internet: www.kiel.de/ferienpass oder www.kronshagen.de – vielleicht sehen wir uns da, ich würde mich freuen!

8. Sicherheitsdenken

Moin! Heute muss ich Ihnen etwas gestehen: Ich fühle mich wohler, wenn ich weiß, was gerade eben, gerade jetzt und auch gleich um mich herum und mit mir passiert. Auf den ersten Blick passt das ja nun mal so gar nicht zusammen mit spontaner Publikumsinteraktion oder Auftritten vor fremden Leuten. Oh doch, und zwar nur aus einem Grund: Erfahrung. Fast alles, was man tut, macht man besser, wenn man es wiederholt. Käsekuchen, Fitnessübungen, Heiratsanträ…, also, Sie wissen ja, was ich meine. Durch fleißige Vorbereitung also kann ich nahezu ausschließen, dass mir bei Auftritten ein technischer (Zauberseil reißt) oder inhaltlicher (falscher Name der Jubilarin) Fehler unterläuft – aber was ist mit dem Publikum? Ich kann ja schlecht jedem vorher eine Zauberer-Jan-Gebrauchsanweisung schicken: „Der Künstler wünscht, nicht beim Zaubern gefilmt zu werden, außerdem mag er es, wenn Sie an folgenden Stellen spontan sehr stark applaudieren…". Ich muss mich also fast blind darauf verlassen, dass es schon irgendwie gut geht. Und wissen Sie was? Es geht immer irgendwie gut. Das wurde mir klar, als ich begann, mich mehr mit den anderen Dienstleistern vor Ort zu unterhalten. Gastronomen, Kellner, DJs, Sicherheitspersonal. Es ist übrigens recht amüsant, finde ich, wenn man beobachtet, wie die Sicherheitsmänner nach vorne den Gorilla geben, hinter der Bühne aber auch mal ein Käsebrot essen, ihre Frau („Hallo, Mausi") anrufen oder über ein Kabel stolpern. Hinzu kommt, dass sie meistens sehr professionelle Zuschauer sind: „Ich habe schon so viele Sachen gesehen, das glaubt man kaum…". Wenn der Techniker oder Kellner lacht, war der Gag neu und wahrscheinlich brauchbar. Für mich sind die Mitarbeiter einer Spielstätte auch deswegen wertvolle Ratgeber („Warum stehst Du an der Stelle immer so komisch? Das machst Du jeden Abend!"), viele sogar alte Bekannte. Zum Beispiel Ela, die früher unsere Partys im Grusellabyrinth bewachte und heute zum Beispiel auf der Kieler Woche einem sehr vollen und sehr lauten Kölschtresen Sicherheit gibt. Hat ja auch durchaus Parallelen. Oder Eric, mit dem ich Dutzende wirklich schöne Veranstaltungen gemeinsam erlebte. Was haben wir gelacht - und manchmal auch gelitten – haben Sie schon mal versucht, ein Zweimastzirkuszelt im Matsch aufzubauen?

Natürlich kommt es bei jedem Zusammentreffen vieler Menschen zu unvorhergesehenen Ereignissen, natürlich funktioniert nicht jedes Mikrofon in jeder Show, natürlich gibt es mal einen Stromausfall. Aber: Wir haben bisher noch jedes Kind irgendwie geschaukelt, ich schaukele wie gesagt mittlerweile sogar: gelassen. Menschen wie Ela und Eric haben mir das über die Jahre nebenbei beigebracht - und diese Sicherheit, dieses beruhigende Gefühl, dass es schon irgendwie klappen wird, tut gut.

So eine Einstellung ist natürlich wenig hilfreich, wenn Sie einen Fallschirmsprung vorbereiten oder eine Holtenauer Schleusenklappe auswechseln, aber bei Shows und Kunst im Allgemeinen geht es ja um das individuelle Gesamterlebnis und die Details. Wenn der eine Witz heute nicht funktioniert, probiere ich halt morgen einen anderen. Eventuell ja sogar einen besseren. Mal sehen.

9. Blickwinkel

Moin! Wir Künstler sind sehr eng befreundet mit Konferenzen und Tagungen jeder Art, denn: Viele Veranstalter wünschen sich für ihre Teilnehmerinnen und Teilnehmer zwischen den arbeitsintensiven Blöcken etwas Unterhaltung und Kurzweil und engagieren daher Showacts. Wenn Sie mal auf die Internetseiten einiger Kollegen schauen, werden Sie unter den Referenzen meistens auch Firmen finden, die Sie mit Künstlern oder „Shows" nicht in Verbindung bringen würden. Pharmafirmen, Versicherungen, Banken – ein Tagungspublikum, das meistens sehr dankbar ist für die unterhaltsame Ablenkung vom Konferenzalltag. Oft habe ich im Rahmen meiner Auftritte für solche Veranstaltungen vor und nach dem Auftritt kurzen (bis sehr langen) Aufenthalt in den Fluren vor dem Saal oder hinter der Hauptbühne. Ich betrachte meistens die Auslagen der Infostände oder lese die Veranstaltungsflyer nochmals durch. Und dann kommt sie. Die kausale Gedankenkette: „Das ist aber schon ein seltsamer Verein, 3 Tage Workshops zu Zahnspangen/Glasbruchversicherung/Abschneidevorrichtungen bei Mähdreschern" – „Aber alle scheinen sehr interessiert zu sein" – „Was die wohl über uns Zauberer auf unseren Kongressen denken?!". Erwischt! Eben noch fühlte ich mich als Künstler irgendwie leicht „lost" zwischen den Menschen mit ungewöhnlichem Interessensschwerpunkt – und ZACK sitze ich selber auf dem Zauberkongress „Nordisch Nobel" meines Freundes Daniel Mayer in Lübeck und schaue stundenlang total glücklich einem Amerikaner dabei zu, wie er gezogene Karten ohne hinzuschauen wiederfindet. Was wohl der Hausmeister über uns denkt? Oder der Muggel, der im Foyer nur nach dem Weg fragen will. Wahrscheinlich das, was ich jahrelang bei den Kieferorthopäden dachte: „Huch, die sind aber alle lustig". Letztlich ist es dort so wie hier – man trifft alte Kollegen (in Lübeck waren zum Beispiel die Kieler Jeff de Fire, Florian Fränz, Stephan Pareigis und Christian Krauss) und quatscht mal wieder. Länger. Sehr lange. Eventuell auch über sehr seltsame Dinge, zum Beispiel Kartenwiederfinden oder Zaubertischbeleuchtungen. Alternierend dann wohl über Zahnspangenmetalle/Kundenquoten/Heuballenschnitt. Ich habe mich nun mehrfach dabei ertappt, wie ich Servicemitarbeitern oder Glasbruchversicherern mal dieselben Fragen stelle, die wir Zauberer immer zu hören bekommen: Wie geht der Trick (soooooo viele Gläser auf einmal), seit wann machen Sie das, ist schon mal was schiefgegangen? Meistens ergeben sich so neben der Bühne tolle Gespräche über „die andere Seite" mit vielen Anekdoten. Und dann weiß ich: Sooooo seltsam sind die gar nicht, diese Mähdrescherleute, eigentlich haben wir total viel gemeinsam. Es kommt auf den Blickwinkel an. Immer.

10. Hochsaison

Moin! Der Herbst ist da. Für Familien heißt das: Laterne laufen, Ferien und Kamin – für Künstler beginnt die Jahreshochsaison. In den letzten drei Monaten des Jahres nimmt die Veranstaltungsdichte traditionell zu, den absoluten Höhepunkt natürlich bilden dann Weihnachtsfeiern und Silvestergalas. Falls Sie mich besuchen möchten: www.dinnercircus.info – ich wäre wirklich außerordentlich traurig, wenn wir uns dort nicht sehen. Und Sie wissen ja: Der Scherz ist das Loch, aus dem die Wahrheit pfeift.

Für mich begann das vierte Quartal viele Jahre mit Schauderhaftem: Das Grusellabyrinth präsentierte zu dieser Zeit immer sein neues Programm. Seit dem Frühjahr dieses Jahres ist Nordrhein-Westfalen die neue Heimat des einzigartigen Projekts, es erfreut sich regen Zulaufs in Bottrop. Ja, Bottrop. Der Wächter würde sagen: das Neumünster NRWs. Ich sage: Bottrop ist eine erstaunliche Stadt, dazu allerdings an anderer Stelle mehr. In den letzten Folgen bin ich irgendwie nicht dazu gekommen, Ihnen meine Lieblingsgeschichte aus dem Backstage des Labyrinths zu erzählen, aber heute passt es vielleicht wirklich ganz gut. Der alte Kieler Güterbahnhof am Tonberg ist naturgemäß ein langgestrecktes Gebäude. Auf der einen Seite befanden sich noch im letzten Jahr Haupteingang und Parkplatz, auf der anderen, der Hinterhofseite, das Backstage für die Mitarbeiter. In Spielpausen wurde hier geschnackt, gelacht, geraucht und natürlich gefachsimpelt über die richtigen Erschreck-momente oder unsere Schockeffekte. Das an sich wäre für Außenstehende sicher schon ein Knaller gewesen, schließlich sieht man nicht jeden Tag blutige Untote, die sich angeregt (Tee trinkend und lachend) mit hutzeligen Waldbewohnern über Gott und die Welt unterhalten. Damit aber die Illusion der Fantasiewelt erhalten blieb, hatten Gäste und Betriebsfremde keinen Zugang zu diesem Hinterhofbereich. Eines Tages, und so beginnen ja die besten Geschichten meistens, entschloss sich ein junger Mann, den Innenhof mal nach möglichem Diebesgut zu durchforsten. Es war gerade auch kein Mitarbeiter da, so dass er in Ruhe alle persönlichen Sachen begutachtete. Er entschied sich dann für einen gut gefüllten Rucksack und schlenderte von dannen. Wollte von dannen schlendern. Mein Kollege Thore, an diesem Tag die wirklich überdurchschnittlich widerliche Mumie unserer Show, betrat im absolut richtigen Moment die Szenerie und erkannte sofort: Hier stimmt etwas nicht. Er sprach aus Dutzenden Metern Entfernung, nein, er schrie den

Eindringling an, der daraufhin die deutlich schnellere Flucht ergriff. Thore nahm sofort die Verfolgung auf und konnte den Rucksack sicherstellen. Ein Held. In Mumienkostüm. Das spektakuläre an dieser Geschichte? Wir haben das Überwachungsband, auf dem man sieht, wie ein verwirrter Krimineller von einer (wirklich überdurchschnittlich widerlich ausgestatteten!) Mumie wild verfolgt wird. Mit Happy End. Das Team hat zu diversen Gelegenheiten dieses Video immer wieder angeschaut, es schlägt meiner Meinung nach jedes Katzenvideo um Längen. Fast jedes.

11. Etikettenschwindel

Moin! „Meine Damen und Herren, bitte begrüßen Sie mit einem freundlichen Applaus…" – so oder so ähnlich wünschen sich die meisten Galakünstler die letzten Worte des Ansagers. Freundlich, nicht zu viel vorwegnehmend und vor allem: stimmungsempathisch. Eine leise Nummer braucht keine Mallorca-Ansage – eine Tempojonglage freut sich, wenn die Anmoderation schon etwas anheizt. Meistens. Der Moderator oder Gastgeber sollte also gewisse Sensoren für die Laune der Zuschauer und die Art und Weise der Darbietungen haben. Warum erzähle ich Ihnen das? Ich habe mit meinem Kollegen Andreas Schauder telefoniert – Sie werden ihn sicher kennen, er macht als sehr norddeutscher Fischer Kai die Stadt unsicher und erklärt Touristen und Einheimischen, wie wir hier so funktionieren („Sie kommen als Fremde, aber am Ende sind Sie alle Fischermanns Friends!"). Wie das dann halt so ist, wir kommen von Thema zu Thema und landen irgendwann beim Künstler-Dauerbrenner „Ansagen". Hach ja, da erlebt man schon so einiges.

Von der liebevoll vorbereiteten, witzigen, Publikums-orientierten Kurzansage (siehe oben) bis zum sehr langatmigen (leider oft falschen) Zitieren eines veralteten Homepage-Textes.

Andreas also erzählt mir von einem Erlebnis, das diverse vorangegangene toppte. Kurz bevor er seine sehr lustige und kurzweilige Einlage spielen sollte, kam der Chef der zur Weihnachtsfeier versammelten Firma noch schnell auf die Wirtschaftslage zu sprechen: „„...und, nun, wir hoffen wirklich sehr, dass wir knapp zwei Drittel der Belegschaft im nächsten Monat werden halten können. Gleich tritt der Künstler mit seiner lustigen Einlage hier bei uns auf. Amüsieren Sie sich! Und das war keine Bitte!" - Oh. Unglaublich, oder?

Als mein Kinderzirkus und ich vor 10 Jahren in einer Einrichtung für Seniorinnen und Senioren eingeladen waren, spürte ich die große Anspannung der Geschäftsführerin – es war gerade erst eine lange Renovierungsphase beendet worden – so dass ich sie nur um eine sehr kurze Ansage bat, die ich Ihr auch notierte: „Hier nun für Sie! Die Kinder von „Zirkus O ...das Varieté! Bühne frei!". So einfach, so gut.

Leider vergaß sie ihre Brille und zitierte aus der Erinnerung. Der Jingle startete und sie rief aus voller Brust: „Liebe Bewohnerinnen und Bewohner, es ist soweit! Ich bitte um volle Aufmerksamkeit, Herbert, nicht wieder schnacken! Hier sind für Sie: MARCO UND SEINE ZAUBERBANDE! Und los!"... Liebe Leserin, lieber

Leser, ich wünsche Dir eine tolle Weihnachtszeit und viel Glück für 2016! Dein Marco.

12. Terminsache

Moin! Heute möchte ich Ihnen erneut von einer Weihnachtsfeier berichten – denn Januar und sogar Februar sind (ehrlich!) auch noch Weihnachtsfeiermonate. Insbesondere in den Dienstleistungsbranchen wird oft auf eine Mitarbeiterparty im Dezember verzichtet, man holt sie dann im neuen Jahr nach. Von der emotionalen, weihnachtsliebenden Seite mal abgesehen: Das hat doch eigentlich nur Vorteile! Weniger Stress, weniger Parkplatzgesuche in der Innenstadt, freie Termine im Festsaal – und man muss keinen Rotkohl essen.

Gut, ich jedenfalls komme gerade von der Weihnachtsfeier einer mittelständischen Firma, 35 Anwesende, zwei Chefinnen, viel Fingerfood, kein Rotkohl. Ich bin die kurzweilige Unterbrechung nach dem Hauptgericht und zaubere etwas länger als eine halbe Stunde. In meinem für solche Anlässe geschriebenem Programm verschwindet als absoluter Höhepunkt eine Flasche Champagner in meinen Händen. Randbemerkung: Bitte schicken Sie mir jetzt keine Witze, wie man die Flasche durch Austrinken oder ähnliches verschwinden lassen kann, ich kenne bereits alle. Ich baue also einen großen Spannungsbogen auf, die Flasche ist sozusagen fast verschwunden – in der Regel kann man in diesem Moment eine Stecknadel fallen hören – und eine ältere Dame steht auf. Seelenruhig zieht sie ihre Jacke an, hängt sich die Handtasche um, kommt zu mir nach vorne. Ich schaue sie mit hochgezogener Augenbraue an und verharre. Mal sehen, was gleich passiert, es wird entweder eine riesige Frechheit oder zum Schreien lustig, in jedem Fall aber eine Herausforderung für mich. Weiterhin wäre fallendes Nähbesteck sehr hörbar, alle starren abwechselnd auf die gelassene Frau und den versteinerten Zauberer. Sie erreicht den Bühnenbereich, nimmt mein Gesicht in ihre Hände und säuselt: „Jung, du machst dat prima, aber meine Gymnastik fängt gleich an.". Ich bekomme ein Küsschen. Sie wendet sich dem Ausgang zu und ich muss mich entscheiden: hinnehmen und weitermachen oder reagieren und weitermachen. Reaktion! Ehrensache. Der Zauberer ruft also „Ich hab Dir schon soooo oft gesagt: Sprich, Deine Termine mit mir ab, MAMA!". Ich habe Glück, das Publikum bricht fast zusammen vor Lachen. Als dann auch noch der Champagner wirklich verschwunden ist, sind wie alle sehr eng befreundet. Später erfahre ich, dass die Dame in der Firma tatsächlich nur „Mutti" genannt wird, weil sie sich um alles kümmert. Sie ist oft die Erste und Letzte in der Firma, außer freitags, da ist immer Gymnastik. Auch heute. Randbemerkung:

Bitte schicken Sie mir gerne weitere Witze, die man an dieser Stelle anwenden könnte. Ich kenne noch nicht alle, ich sammle noch.

13. Riesenbackstage

Moin! Ich komme gerade von der Schul-Probenfahrt mit meinem Theaterensemble. Und ich bin müde. Aber auch hoch erfreut. 39 Schülerinnen und Schüler aus verschiedenen Jahrgängen, 4 Erwachsene, eine Jugendherberge, 3 Nächte. Was sich zunächst nach Schlafentzug, kaltem Hagebuttentee und Zimmergerüchen in Socken-Chips-nasses-Handtuch-Mischung anhört (und, um eine Pointe vorweg zu nehmen: stimmt alles mehr oder weniger…), ist näher betrachtet viel mehr als das. Aber der Reihe nach.

An dieser Stelle schrieb ich ja vor einigen Monaten, Theater und ähnliches mache Kinder stark und selbstbewusst, nicht erwähnt hatte ich damals das ganze Drumrum, also die Planungen und das Proben. Wir haben wie jedes Jahr ein Theaterstück selbst geschrieben, dieses Mal zum Thema Märchen. Jedes Kind hat eine eigene Rolle, ein eigenes Kostüm und natürlich eigenen Text. Das Gesamtwerk muss nun „spielbar" gemacht werden, jeder muss also die Zusammenhänge verstehen, die Hintergründe der Rollen begreifen und vor allem motiviert sein, sich einzubringen. Und das passiert natürlich nicht auf der Bühne, sondern dahinter. Eines der unbekanntesten Backstages unseres Landes ist die Jugendherberge Westensee. Fast in jeder Woche probt dort irgendein Ensemble oder Chor im ausgezeichneten Akustikraum. Warum aber tut man dies nicht einfach auf der Bühne, auf der man später vor Publikum auftreten wird? Die Antwort ist einfach: Was man im Alltag nicht einfach so einstudieren kann, ist Zusammenhalt und Teamgeist. Und genau das entwickelte sich auch in diesem Jahr in Westensee, weil wir genug Zeit hatten und uns nicht um die Schule kümmern mussten. Ich hoffe, dass ich dann im Mai während der Aufführungswoche in unserem eigenen Backstage wieder Sechst- mit Zehntklässlern lachen sehe, dass neue Freundschaften entstehen und im Allgemeinen der Respekt untereinander wächst. Das könnte klappen, denn: Wer mehrfach zusammen kalten Hagebuttentee getrunken hat, wird aller Voraussicht nach auch höflich grüßen auf dem Schulhof, sich bei Texthängern helfen und manchmal sogar Sockengeruch verzeihen. Mein Ensemble jedenfalls fand die Fahrt toll, die Kinder sind sehr zufrieden und freuen sich wie Bolle auf die Shows. Und ich? Stolzer als stolz: Ich bin glücklich.

14. Scherzkeks

Moin! Haben Sie den Monatswechsel gut überstanden? Ich frage, weil der 1. April ja sehr gerne als Anlass genommen wird, kleine Scherze zu machen. Oder große. Auf jeden Fall soll der Empfänger „in den April geschickt" werden, also auf etwas reinfallen oder veralbert werden. Manchmal geht sowas daneben, manchmal spricht man noch 10 Jahre später im Freundeskreis über den „Tag, an dem Jörg sich mit Mayonnaise die Zähne geputzt hat". In Künstlerkreisen muss man nicht das ganze Jahr auf Anfang April hin fiebern, wir haben eine deutlich schnellere Taktung: die Dernièren. Dieser Begriff meint die letzten Aufführungen von Inszenierungen – und wann, wenn nicht während solch einer Veranstaltung, sollte man seinen Kollegen kleine Streiche spielen?

Ich habe mit Absicht sehr viele letzte Vorstellungen besucht, immer in der Hoffnung, etwas zu entdecken, das nicht im eigentlichen Drehbuch stand. In den letzten 20 Jahren feierte ich große Erfolge auf dieser Suche: Graf Krolock brachte die roten Stiefel in einer Aldi-Tüte, der mystische Mentalmagier kam zu Schnappis Krokodilsmusik auf die Bühne und ein Darsteller las vom Teleprompter aus Versehen ein Pizzarezept vor.

Als Moderator verschiedener Dinnerzirkus-produktionen beobachtete ich jeweils mit verzücktem Gesicht, wie der Bauchredner einem scheinbar wildgewordenen Lichtspot Herr werden wollte oder die Kellner sich gegenseitig versuchten zu versichern, dass der Herr an Tisch 3 heißen Filterkaffee mit Eiswürfeln (aber nur zwei!) wünschte. Mir haben sie (ernsthaft!) mal den Zauberkoffer mit Panzerklebeband verschlossen. Der Trick lief dann, sagen wir, eher mittel. Aber es war toll.

Im Grusellabyrinth hatten wir sogar einen extra eingerichteten Tag für besonders verrückte Aktionen. Meine Erzfeindin Lady Fortescue wurde mitten in der Show von einem Polizisten der Falkwache verhaftet, ein hutzeliges Waldwesen forderte von mir lautstark seine Barbie zurück und eine Kollegin entschied sich, die ganze Show auf Chinesisch zu spielen. Na ja, wer kann, der kann. Da es ein ungeschriebenes Gesetz ist, dass die Gäste und Zuschauer sich auf keine Fall schlechter unterhalten fühlen dürfen als an anderen Tagen, kann ich Ihnen getrost raten: Besuchen Sie nicht nur Premieren, sondern eben auch Dernièren. Und die alte Regel „Wenn der Techniker lacht, war der Gag neu"? Wird hier ergänzt durch: „…oder er der Täter!".

15. Heißhunger

Moin! Wenn ich in einem Landgasthof oder Kieler Restaurant auftrete, bietet mir jemand aus dem Service in der Regel etwas zu trinken an und sorgt dafür, dass ich mich in Ruhe auf die Show vorbereiten kann. Im Gegenzug störe ich den gastronomischen Ablauf nicht und bin ausgesucht höflich zu allen Mitarbeiterinnen und Mitarbeitern. In den meisten Verträgen bei größeren Engagements steht jedoch: „Der Veranstalter sorgt am Abend des Auftritts für die Verpflegung des Künstlers." – das ist nett! Aber können Sie etwas essen, wenn Sie aufgeregt sind? Oder angespannt? Oder voller Vorfreude? Viele werden nun mit einem beherzten „NEIN!" antworten. Uns Künstlern geht es meist nicht anders. Nachgewiesenermaßen verliert ein Bühnenkünstler Gewicht während seiner Tätigkeit, zum Beispiel durch Schwitzen oder die viele Bewegung. Und das führt unweigerlich zum berühmt-berüchtigten Künstlerhunger, allerdings eben erst um 23 Uhr. Genau deswegen sind jene Veranstalter besonders beliebt, die das Verpflegungsangebot nicht nur im Vertrag haben, sondern sich um's Catering hinter der Bühne auch wirklich kümmern. Und, was soll ich sagen, es geht wirklich „von-bis", es gibt also durchaus sehr liebevolle und vollwertige

Kleinbuffets und Obstplatten. Aber auch schrabbelige Plastikkörbe mit 4 Snickers, 2 Mars und (kein Scherz!) mehreren Leckmuscheln. Für eine 80er-Party im Freibad sicherlich „nice to have". Aber hier, auf dem Tag der offenen Tür hinter einer Rigipswand? Gut, ich bin ja nicht zum Jammern engagiert, lassen Sie uns daher schnell noch auf drei meiner kulinarischen Highlights blicken. Ich für meinen Teil liebe erstens Theaterkantinen: künstlerfreundliche Öffnungs-zeiten und angemessene Portionen. Obendrauf ist es dann übrigens auch manchmal ziemlich lustig, wenn Leonora, die eben noch auf der Opernbühne ihre Liebe zum Troubadour Manrico gestand, am Nachbartisch ihre zweite Ochsenschwanzsuppe isst. Um 23 Uhr. Künstlerhunger und so.

Meine Freundin Gaby Löwel verleiht an jeden, der feiern möchte, Mobiliar und ihr Fachwissen. Sie gehört mit Sicherheit zu den empathischsten Geschäftspartnern, die man als Künstler haben kann, denn sie denkt von der Planung bis nach der Durchführung an unsere Bedürfnisse. Also keine Leckmuscheln, sondern heißes Essen zu später Stunde und liebevolle Betreuung zwischendurch.
Und drittens: Hotel Neeth, in welchem ich mit

meinem wunderbaren Kollegen Tonga jahrelang zu Silvester auftrat, schoss regelmäßig den Vogel ab. In meinem Fall den aus Tofu. Und: Der Koch hatte sich sogar über alle Jahre gemerkt, was ich mag (Gemüse an sich, Saucen an sich) und was nicht (Rotkohl an sich).

Sie müssen es mir nun (als neue Mitwisser) versprechen: Achten Sie bei der nächsten Festlichkeit mal darauf, wann das Team isst. Also der Service, der DJ, die Künstler. Im Gegenzug würde ich Sie jetzt nicht beim Weiterlesen stören und wäre ausgesucht höflich.

16. Zeitpläne

Moin! Ich komme gerade von einer Goldenen Hochzeit und bin bester Laune. Der Auftritt hat unglaublichen Spaß gemacht, auch, weil die Zuschauer so toll mitgemacht haben. Manchmal sind die Leute sehr träge (Wetter, Essen, allgemeiner Charakter, Alkohol), an anderen Tagen ist die Laune schon vor der magischen Einlage ganz oben (Wetter, Essen, allgemeiner Charakter, Alkohol). Im heutigen Fall war das Fest einfach sehr gelungen: Das Team des Gasthofs gab sich Mühe, die Küche überbot sich von Gang zu Gang, die Festgesellschaft mochte sich untereinander und das Goldbrautpaar war seit Stunden schon im Siebten Himmel, weil alles so toll funktionierte. Zwischen Hauptgang und Dessert war nach einer längeren Pause mein Auftritt vorgesehen, man bat mich um 35 kurzweilige Minuten vor dem Nachtisch. Ich stand voll präpariert und mit meinem Koffer in der Hand im Vorflur des Festsaales, die Vorfreude war groß. Gerade, als meine Ansprechpartnerin im Service mir sagte, es könne nun losgehen, sah ich aus dem Augenwinkel eine schnelle, schwarze Masse, die sich mir näherte. Na ja, die an mir vorbeizog. In den Saal. Auf meine Bühne. Jetzt. Die „Masse" war die lustige Akkordeongruppe der Jubilarin, die sich als Überraschung ausgedacht hatte, ein Best-Of zu spielen. Aus den letzten 40 Jahren Vereinsleben. 10 Seniorinnen also hatten sich 1-a vorgedrängelt. Touché!

Lassen Sie es uns positiv sehen: Ich hatte eine sehr schöne Stunde mehr, in der ich ein angeregtes Gespräch mit dem Serviceteam genoss. Kellnerinnen und Kellner wissen sehr, sehr genau, wie Abläufe funktionieren müssen, damit sie ihren Namen verdienen. Und sie wissen sehr, sehr genau, was es alles schiefgehen kann (TOP 4:Wetter, Essen, allgemeiner Charakter, Alkohol), welche Einlagen es gibt (TOP 3:Die Glocken von Rom, Die Kutsche, Der Geldbaum), wie die DJs heißen (TOP 2: Arne oder Günther) und so weiter. In diesem Fall reichte ein Blick und wir alle wussten: Das wird dauern, der Zeitplan verabschiedete sich quasi per Quetsche. Natürlich haben wir zunächst lachen müssen, da die Akkordeondamen ohne Ankündigung in Joggingtempo so unerwartet an uns vorüberzogen. Relativ schnell wurde es dann zum Running Gag, dass sie einfach nicht aufhörten. Das Tolle daran war jedoch: Die Gäste fanden es toll. Als ich dann verspätet dran war, wussten das nur die Kellner und ich, für die Zuschauer wirkte alles wie professionell organisiert. Wenn die Rahmenbedingungen so prima sind, fallen kleine Unebenheiten eben gar nicht auf oder werden von den Gästen als überhaupt nicht schlimm wahrgenommen. Eine der Musikerinnen sagte übrigens nach meiner Show etwas Liebreizendes zu mir: „Sie nehmen Ihren Beruf ja auch sehr ernst, Sie waren ja schon 90 Minuten zu früh hier!"…

17. Ansichtssache

Moin! Beginnen wir mit einem Exkurs. Vor ziemlich genau 25 Jahren beschloss der kleine Jan aus der Batteriestraße, dass er eines Tages mal im Disneyland arbeiten würde. Der etwas größere Jan aus der Dorfstraße hat sich dann vor ziemlich genau 15 Jahren getraut, genau das zu tun – und noch heute erfreue ich mich daran. Ich wusste damals bereits, dass sich Bühne und Backstage grundlegend unterscheiden, egal, wo man hinschaut. Aber nirgendwo ist es so deutlich, wie in Freizeitparks. Das magische Königreich in Paris entpuppte sich also entsprechend in Licht-(schwert)geschwindigkeit als wirklich wunderschön. Von vorne. Von hinten eher nicht so. So gar nicht. Beispiel? Sie müssen sich vorstellen, dass Sie gerade eine der weltweit aufwändigsten Themenfahrten gemacht haben, zum Beispiel „Fluch der Karibik" mit Hunderten Animatronics und Großdekorationen, sitzend und staunend fahren Sie dabei mit einem Boot durch Dutzende Szenerien. Es brummt, es duftet, es ist toll. Wow. Wenn Sie nun aber den Fehler machen, hinter die Fassade zu schauen, zum Beispiel, weil Sie einen falschen Ausgang nehmen oder aus Versehen oder mit Absicht dort arbeiten, ja, dann…. erblicken Sie sie. Die wohl größte und hässlichste Wellblechhalle aller Zeiten, also die Attraktion von hinten, die so derart unattraktiv ist, dass manches Kieler Randgewerbegebiet anerkennend nicken würde. Wer weinen möchte, gibt Marne-la-Vallée mal bei Google-Maps ein. Eine hässliche Halle also. Genauso verhält es sich in anderen Themenparks auch. Das, was nicht von Gästen gesehen wird, ist meistens schlicht funktional. Mehr nicht. Ich habe in meiner Disneyland-Zeit quasi alle Gebäude dort von innen und hinten gesehen und weiß seitdem: Von vorne ist schöner. Deutlich. Spannend sind solche Einblicke natürlich dennoch, vielleicht finde ich auch deshalb noch heute alle Backstages so interessant. Im Kieler Teil meiner Eindrückesammlung finden sich übrigens recht viele erzählenswerte Kapitel, von „sehr klein, aber wunderbar" (metro-Kino) über „Büroflurcharme mit vielen Räumen" (Kulturforum) und „super-professionell" (Schauspielhaus) bis hin zu „Was? Sie brauchen eine Garderobe?! Geht das Getränkelager? Oder sind Sie mit dem Auto? Dann ziehen Sie sich doch bitte da um. Sind ja schließlich plus 4 Grad!" (Oh ja, das kommt auch vor…). Liebe Leserin, lieber Leser, in der nächsten Folge möchte ich Ihnen daraus resultierend meine Highlights aus einem Kieler Einkaufszentrum erzählen – und ich verspreche, dass ich dann ohne Exkurs beginne. Jedenfalls ohne einen zu langen. Versprochen. Bis bald, Dein Jan aus der Dorfstraße.

18. Feierlaune

Moin! Wir Zauberer befinden uns ja in der schmackhaften Situation, dass sich unsere Kunden in der Regel sehr fein gemacht haben, wenn wir sie persönlich treffen – meistens haben sie ja Geburtstag oder feiern etwas anderes Schönes. Auch Firmenkunden zeigen sich bei Events wie Jubiläen oder Produkteinführungen von ihrer besten Seite, das macht Spaß. Natürlich ist es jedoch auch so, dass man im Backstage (also im Lager, in der Verwaltung und so weiter) zusätzlich einiges über die Einstellung eines Unternehmens lernen kann. Ist es sauber, ordentlich und angenehm?

Wie versprochen möchte ich Ihnen in dieser Kolumne noch Eindrücke aus Einkaufszentren beschreiben – beginnen wir doch heute mit dem CITTI-Park, der sich in diesen Tagen besonders schön gemacht hat, er feiert nämlich seinen 10. Geburtstag. Wenn Sie zum Gratulieren vorbeischauen, werden Sie ein buntes Programm erleben, an dem auch mehrere Kieler Künstlerinnen und Künstler mitwirken, es lohnt sich! Aus meiner Erfahrung kann ich gleich noch hinterherwerfen: Im Backstage sieht es auch super aus, es ist hell und gepflegt. Neulich zum Beispiel zauberte ich dort für Intersport Knudsen, man verabschiedete einige Mitarbeiterinnen an einen anderen Standort. Die Organisatoren hatten das beeindruckende Sportartikellager mit Hingabe in eine bunte Wohlfühloase verwandelt, es gab dann Schnittchen, Dankesworte vom Chef und einen Zauberer. Ich bin dort ausgesprochen gerne aufgetreten, weil es ein ungewöhnlicher Spielort war und die Mitarbeiterinnen und Mitarbeiter es sichtlich genossen, am Arbeitsplatz mal selbst die Hauptpersonen zu sein.

Große Shoppingzentren sind im Grunde wie eine kleine Stadt, man kann dort alles und jeden treffen. In den letzten 20 Jahren habe ich in diversen Malls in Schleswig-Holstein genau das erlebt. Mal wurde ich als Zauberer mit meiner Kindergruppe von einem schlechtgelaunten Hausmeister angesagt (der leider kein Künstler war, sondern nur ein sehr schlechtgelaunter Hausmeister, bitte fragen Sie nicht weiter nach...), mal verkleidet als Gondolière mit Bauchladen (fragen Sie auch hier nicht weiter nach...) von meiner Grundschullehrerin angestarrt. Ob ich nicht eigentlich Student sei... Ich stand während eines Stromausfalls auf einer Bühne mit verbundenen Augen (nicht so schön) und habe mir von einem Neumünsteraner Dekorateur im Frühjahr 90 Minuten lang die schon vorbereitete Weihnachtsdekoration erklären lassen (sehr schön).

Einige Dinge selbstredend bleiben diskret geheim, da bin ich loyal. Nie würde ich Ihnen von der Pappmaché-Melone im Chefbüro oder den lustigen Mitarbeiterfotos der Securityfirma erzählen. Nie. Echt nicht. Und liebes Intersport-Team: Sorry nochmals wegen des Konfettis. Ich hörte, man findet immer noch Reste...

19. Karriereleiter

Moin! Es war die dunkle Stimme eines wichtigen Politikers, die an mein Ohr drang, als ich den Hörer abnahm. Ich kannte ihn aus der Zeitung und hatte ihn mehrfach bei offiziellen Anlässen getroffen. Ein persönliches Gespräch durfte ich vorher noch nicht mit ihm führen, wusste aber: Der ist irgendwie sympathisch. Ob ich wisse, wer er sei. Und kurz Zeit hätte wegen eines Auftritts. Na klar! Überraschenderweise wurde er dann sehr ernst und sagte mit eindringlicher Chefstimme sehr deutlich: „Herr Martensen, es geht um den wichtigsten Auftritt Ihres Lebens!" – Uff, da war ich kurz sprachlos.

Gut, manchmal denke ich selbst nach einer Show, dass die jetzt irgendwie richtig gut war für die „Karriere", also weitere Buchungen oder Optionen. Die Kontakte, die ich zum Beispiel seit über 10 Jahren bei „Wir können auch anders", der Revue der städtischen Mitarbeiter, knüpfe, haben sich als sehr wertvoll herausgestellt. Menschlich (tolle Leute) und in Hinblick auf Buchungen (tolle Events). In diesem Rahmen lernte ich übrigens auch den wunderbaren Markus Pingel kennen, mit dem ich in der Folge sehr viele sehr schöne Shows spielen durfte. Oder, als ich Silvester einmal eine so nette Assistentin aus dem Publikum hatte, dass ich noch heute, viele Jahre später gut mir ihr und ihrer Familie befreundet bin (ja, ich meine Dich, Barbara). Oder, vielleicht am wichtigsten, der Auftritt von Sönke Christiansen, den er 1993 unter seinem Künstlernamen Marvo im Schullandheim in Wyk auf Föhr darbot und der den 12 Jahre alten Jan derart fesselte, dass er wirklich auch dringend und sofort Zauberer werden wollte. Und wurde.

Oh, ehrlicherweise ist es natürlich auch durchaus möglich, dass der „Intendant von", der „Inhaber von" oder die „Eventplanerin von" im Publikum sitzt und ausgerechnet an diesem Abend dann das Kartenspiel irgendwie klemmt oder mein Lieblingsgag nicht zündet. So gar nicht. Das ist unerfreulich, aber zum Glück selten. Auf jeden Fall weiß man es zwar oft hinterher, aber nie, nie, nie vorher, was ein Job letztlich bedeutet.

Aber zurück zum Stück. Der wichtigste Auftritt meines Lebens also. „Worum geht es denn?" fragte ich höflich (aber innerlich aufgeregt). „Meine Frau wird 50!". Wurde eine schöne Show.

20. Überraschungsgast

Moin! Oft werden wir Zauberkünstler ja verschenkt. Also von Freunden an ein Brautpaar, von den Kindern an die Jubilare oder eben von der Ehefrau zum 70. Geburtstag an den Gatten. Im Telefongespräch vereinbart man dann, wann genau man wieder anrufen kann, um letzte Details zu besprechen, wo genau man am Tag des Auftritts parkt und wie genau man aufs Grundstück gelangt, ohne schon vorher gesehen zu werden. So weit, so gut. Manchmal ist dann aber zur vereinbarten Zeit besetzt, kein Parkplatz zu finden und die Gartenpforte „hinten rechts, die mit dem Hundewarnschild, der tut aber nix" verschlossen. Und sehr hoch. Ja, dann steht man da mit seinen zwei Zauberkoffern im Anzug ohne Schal. Und man hat keinen Handyempfang. Den bräuchte man aber, um die Gastgeberin anzurufen: Hilfe, ich bin da, die Pforte ist zu und der Hund tut glaub' ich doch gleich was. Das Schöne ist: Es klappt dann doch irgendwie immer. Spätestens nach 15 Minuten kommt irgendein Gast aus dem Haus, um das großzügig in Zellophan eingepackte Modell mit den ganzen kleinen Geldscheinen aus seinem Auto (super Parkplatz, er war einer der ersten Gäste) zu holen. Der Zauberkünstler – auf den ersten Blick aber ja ein fremder Mann mit Koffern, der sich in der

Dämmerung an geschlossene Gartentore heranschleicht – muss jetzt sofort diesen Gast überzeugen, dass jener nun bitte die Dame des Hauses unauffällig nach draußen lockt. Ihr Mann dürfe aber nix davon wissen… Ich gebe selber zu, es hört sich recht halbseiden an. Ich habe relativ schnell gelernt, dass es massiv hilft, als allererstes zu sagen: „Moin, nicht erschrecken, ich bin der Zauberkünstler von Frau XY – UND ich bin eine Überraschung für ihren Mann." Der Gast streichelt dann kurz den Hund (ganz lieber Geselle, der tut nix) und sagt drinnen Bescheid. Also meistens.

Wenn es dann soweit ist, dass man seinen Auftraggeber persönlich trifft, läuft in der Regel alles wie geschmiert und der Überraschungsauftritt klappt. Ich warte dann noch einige Augenblicke im Flur oder der Küche und werde kurz darauf angesagt.

In anderen Fällen kann man sich direkt bei Ankunft bereits im Haus verstecken. Mein Kollege Delf saß allerdings einmal 90 Minuten auf einer Gästetoilette fest, weil das Timing so aus dem Ruder lief, dass für seinen Überraschungsauftritt nun wirklich noch keine Zeit war. Ärgerlich. So, und nun stellen Sie sich doch trotzdem nochmals das anfangs Beschriebene vor: Parkplatz, Gartenpforte, Hund. Bei Starkregen. Dann doch lieber die Gästetoilette, oder? Vielleicht hat man da dann ja auch Netz.

21. Nächstenliebe

Moin! Hatten Sie einen guten Jahreswechsel? Ich jedenfalls wünsche Ihnen von Herzen alles Gute für 2017! Insbesondere natürlich Gesundheit und Freude im Alltag, mir ist nämlich in den letzten Monaten bewusster geworden, dass wir diese beiden Dinge oft nicht genug schätzen. Eine ehemalige Schülerin meiner Schule erhielt im Frühling eine niederschmetternde Diagnose: Leukämie. Mit 17. Uff. Die fünfköpfige Familie hat sich trotzdem relativ schnell dazu entschlossen, diese Herausforderung mit aller Kraft und Liebe anzugehen und den Krebs zu besiegen. Es entstand obendrauf fast wie von selbst und ganz nebenbei ein Strudel der Hilfsbereitschaft, Solidarität und Wertschätzung, zunächst im engeren Freundeskreis, einige Wochen später auch durch Fremde. Viele Menschen boten Hilfe an oder spendeten wirklich nennenswerte Summen, damit die Finanzierung der teuren Therapie sichergestellt war. Es gab auch Spender aus anderen Bundesländern, das hat mich umgehauen. Man könnte jetzt seitenweise weitererzählen, wie berührend das alles war, aber dann wäre nicht mehr genug Platz für die Pointe: Janes Gesundheitszustand ist heute den Umständen entsprechend gut, die Ärzte sind sehr zuversichtlich, dass die Therapie erfolgreich abzuschließen ist. Hurra!

Die Familie kam in ihrer schlimmsten Zeit auf eine Idee: Sie brauchten ein weiteres Projekt. Etwas, das sie positiv beschäftigt, etwas, das Freude macht und Hoffnung verbreitet. Etwas, bei dem man nicht weinen und leiden muss – etwas für andere. Und so hieß es dann neulich im Bürgerhaus Kronshagen: „Die Freiwillige Feuerwehr Kronshagen präsentiert: Janes Spendengala für Team Doppelpass e.V.". Es war ein sehr bunter Nachmittag mit Hip-Hop, Gesang, Showtanz, Theater und Zauberkunst. Und Tombola! Der Eintritt war frei, wir baten aber nach der Show um eine freiwillige Spende für „Team Doppelpass", einen ganz fantastischen Verein, der Kindern eine Freude macht, die eine schwere Zeit hatten oder haben. Googeln Sie den ruhig mal.

Ich freute mich wie verrückt auf die Show. Auf die Show auf der Bühne. Und die im Backstage. Und auf meine Mutter und Katja am Tombolastand. Und Robert und Bjarne an den Losen. Und Hexe Hermine am Staubwedel. Und meine Theaterkinder. Und Andi und Hanne und Annika und Lasse und Norbert und, und, und... Und überhaupt! Letztlich hat die Summe, die zusammenkam, unsere Erwartungen übertroffen.

13.000 Euro. Dreizehntausend. Mit einer Kleinkunstshow! Es ist wirklich ein Privileg, als Künstler zu arbeiten: Man lernt außerordentlich feine Menschen kennen. Und manchmal werden die dann Freunde. So richtige. Möge Ihr Jahr auch von solch' feinen Menschen geprägt sein!

22. Talkshow

Moin! Im Rahmen meiner Einsätze fürs Raisdorfer, Kieler und Bottroper Grusellabyrinth wurde ich seit 2003 schon mehrfach von Fernsehsendern interviewt, mal als der Wächter, mal als Jan – und jedes Mal hat es wirklich großen Spaß gemacht. Meine Fernsehpremiere als Zauberer hatte ich allerdings erst 2017: Im Februar strahlte der Offene Kanal Kiel die 97. Folge von „Lass mal schnacken" aus. Der Moderator Gerd Hausotto kommt in diesem Format mit unterschiedlichsten Menschen ins Gespräch und redet mit ihnen im wahrsten Sinne des Wortes über Gott und die Welt. Nun also hatte er mich eingeladen, den kleinen Jan aus der Dorfstraße. Hui, das freute mich zwar, aber irgendwie aufgeregt war ich trotzdem. Ich bin es ja gewohnt, vor Leuten zu sprechen oder sie zum Lachen und Staunen zu bringen, aber so ganz ohne Publikum in einem kargen Studio – und dann auch noch so lange? Hm, mal sehen.

Um die Pointe vorweg zu nehmen: Es war eine ganz tolle Erfahrung und ich habe mich sehr wohlgefühlt. Das lag zuallererst an der exzellenten Vorbereitung des Moderators, der sich im Vorfeld wirklich viel Zeit nahm, um sich (und irgendwie auch mir) einen Überblick zu verschaffen, welche Stationen meines künstlerischen Werdegangs von Interesse sein sollten und welche Themen wir zwei gemeinsam besprechen sollten.

Zweitens, und das hat mich beeindruckt, war das ganze Team dieser Kieler Talkshow ganz zauberhaft. Im Gegensatz zum kommerziellen Fernsehen muss es beim Offenen Kanal nämlich nicht immer total schnell gehen oder „bis in vor 5 Minuten fertig" sein. Interessant fand ich außerdem: Von „Anfang 20" bis „deutlich über 70" ist in Hausottos Mannschaft alles vertreten, obendrauf geht man miteinander sehr familiär um – wer sich dort unwohl fühlt, kam schon als Kauz.

Nach 4 sehr angespannten Minuten vom Auto zum gelben Sofa merkte ich, wie meine innere Stimme sagte: Jo, hier ist es nett! Herausgekommen ist dann auch ein Gespräch über Zauberkästen, Disneyland, Kronshagen, mein neues Patenkind, den Lehrerberuf, Schultheater, Wertschätzung im Allgemeinen und (ein ganz klein wenig) darüber, wie Wurst gemacht wird.

Wenn Sie Lust haben, können Sie sich die Talkshow im Internet anschauen, sie finden beim selben Anbieter auch alle anderen Folgen, zum Beispiel die mit der großartigen Meike Winnemuth oder dem sehr, sehr netten Fotografen Jan Köhler-Kaeß. Viel Spaß dabei und beste Grüße!

23. Helgoland

Moin! Im Januar erhielt ich einen Anruf der mit eben diesem Wort begann: „Mooiiiiiiiiiin!". Und dann: „Hier ist Marc Peters von Helgolaaaand!". Marc ist Mitarbeiter einer Bank und lebt auf Deutschlands einziger Hochseeinsel. Nichts läge mir an seiner Stelle ferner, als einen Zauberer in Kiel anzurufen, man hat doch auf Helgoland alles. Gut, keine Autos, keine Fahrräder und keine Mehrwertsteuer, aber eben sonst: alles. Warum also sollte er mich kontaktieren? In Gedanken kalkulierte ich schon die immensen Anfahrtskosten zu meinen noch immenseren Gagenforderungen hinzu, malte mir die verschiedenen Events aus, zu denen man einen Zauberer brauchen könnte und erwischte mich bei dem Gedanken, eigentlich auch gerne kostenlos aufzutreten, Helgoland ist ja quasi Urlaub.

Marc holte mich mit einer recht irdischen Anfrage wieder auf den Boden der Tatsachen, man suchte einen Zauberkünstler (Aha!), der Ahnung hatte (schmeichelhaft) und Erfahrung im Unterrichten (jo!) für die Theatergruppe (interessant!). Und es ginge nicht um's Selberauftreten (och menno). Lange Gedanken, kurzer Sinn: Die Theatergruppe der Insel wird im April beginnen, ihr neues Stück aufzuführen, in welchem ein Wall-Street-Banker seinen Job verliert und stattdessen Zauberkünstler wird. Er ist damit recht überfordert, sortiert sich aber im Laufe der Handlung und präsentiert neben diversen magischen Kleinigkeiten am Ende eine richtige Show. Jedenfalls stand das so im Drehbuch. Leider hat Helgoland keinen eigenen Zauberer und so stieß Marc dann bei seinen Recherchen auf mich. Keine zwei Wochen später saß er in meinem Wohnzimmer und konnte bereits nach wenigen Minuten ein Tuch verschwinden lassen, eine Stunde später sogar mit Farbwechsel. Da war ich schon mal ziemlich stolz.

Zu meinem großen Glück machte es die Größe der Gruppe trotzdem nötig, dass ich auf die Insel reiste (juhu!). Und, was soll ich sagen: eine super Truppe. Mit gemeinsamer Anstrengung und viel Lachen haben wir dafür gesorgt, dass der Zauberer am Ende des gut zweistündigen Stücks nicht nur mit Tüchern, sondern auch mit Ballons und seiner liebreizenden Assistentin die verrücktesten Sachen macht. Es gibt einen sehr kleinen fliegenden Teppich, auf dem ein sehr schwerer Mann sitzen wird, und ich habe völlig schamlos meinen Lieblingstrick in das Programm eingeschleust, ganz am Ende, mit emotionaler Musik und viel Konfetti. Vielleicht haben Sie ja Zeit und Lust, sich „Zauberhafte Zeiten" anzuschauen.

Es wird mindestens 7 Aufführungen geben bis zum letzten Vorhang am 21. Oktober. Mooiiiiiiin, Helgolaaaand!

24. Plattdeutsch

Moin! Immer wieder findet man in der Fachliteratur Hinweise und Tipps zu Kommunikationseben und die möglichen Arten der Publikumsansprache, meist mit dem Ziel, mit den Zuschauern „dieselbe Sprache" zu sprechen. Es macht ja auch durchaus Sinn, dass die Leute den Künstler im doppelten Wortsinne verstehen – jedenfalls, wenn er eine Sprechnummer vorführt. Bei Zauberern ist es etwas komplizierter. Idealerweise *versteht* der Künstler die Zuschauer und merkt, was sie wollen. Idealererweise (dieses Wort habe ich gerade das erste Mal in meinem Leben gelesen, als ich es schrieb) *glaubt* das Publikum dem Magier im Gegenzug alles, was er sagt und macht. Ja... Bitte nicht böse sein, aber wir können nicht wirklich zaubern, es sind nur Tricks. Wir müssen also lügen, meistens, eventuell beruhigt Sie das nun wieder, tun wir das aber sehr charmant und natürlich stets mit dem hehren Ziel, Sie bestmöglich zu unterhalten. Das hatte die ausschließlich plattdeutsch sprechende ältere Dame leider nicht verinnerlicht, die mir jüngst bei einem Auftritt mehrfach und mit Nachdruck entgegenschmetterte (ein Euphemismus für „sie fiel mir viermal ins Wort"), dass sie mir das alles nicht glauben könne und unterschreiben würde sie schon mal sicher gar nix. Ich versuchte diese

Unterbrechung humorvoll zu kontern, nannte sie liebevoll-ironisch Schmusescholle (das zieht sonst immer, ich schwöre) und zwinkerte ihr zu. Nix da. Gut, dann wohl mal op platt versuchen. Man muss dazu sagen, dass ich in Niederdeutsch so ungefähr auf 3 (also eher 3-) stehe, aber verstanden hatte sie mich dann doch: Ik bün en Töverer – ich bin ein Zauberer. Das klappte. Achsooooo, und sie habe gedacht, ich wolle „blots wedder wat verkopen". Nach der Show dann sprach sie mich im Foyer an, wir hatten ein wirklich schönes Gespräch, in dessen Verlauf die Seniorin mir eine wichtige Lebensgrundregel mit auf den Weg gab, die ich heute mit diebischer Freude an Sie weitergeben möchte: „Man muss drei Sprachen sprechen: „Hochdeutsch! Plattdeutsch! Und över anner Lüüd."

25. Nachwuchs

Moin! Als ich 1993 durch einen Ferienkurs zum Zaubern kam, hatte ich das Glück, in Jochen Polster vom Kinder- und Jugendtreff De Twiel einen engagierten, humorvollen, warmherzigen und vor allem sehr netten Zauberlehrer zu finden. Von Anfang an hat er mich bedingungslos unterstützt und mir immer sehr ehrliches Feedback und viel Lob zukommen lassen. Ich zehre heute noch von meiner Anfangszeit, weil sie eben so schön war. Wenn ich jetzt als Erwachsener mit Kindern einen neuen Trick einstudiere oder wir uns Text überlegen, versuche ich, eine Jochen ähnliche Geduld und Milde zu haben. Immer, wenn das klappt, bin ich besonders glücklich – und die Kinder meiner Gruppe wahrscheinlich auch.

Ich durfte damals in den 90ern relativ schnell mit zu großen Auftritten, ins Bürgerhaus Kronshagen, in die Aula des Gymnasium Wellingdorf, ins Werftparktheater. Jochen traute uns Nachwuchszauberern sofort zu, vor vielen Leuten aufzutreten, das war ein gutes Gefühl.

Dieses Grundvertrauen in junge Kollegen habe ich übernommen. Wer will, der kann – in diesem Fall ist viel Wahres dran. Als das Kieler-Woche-Büro mich zu Jahresbeginn engagierte für den offiziellen Empfang im Rathaus, also den ohne unseren damaligen Ministerpräsidenten, habe ich zwei meiner Zauberschüler als weitere Künstler vorgeschlagen. Die Idee kam gut an, wir waren also ein magisches Dreierteam Ende Juni. Und, was soll ich sagen, die Kinder waren eine Wucht. Ich war so stolz. Und begeistert. Und dann wieder stolz. Diverse Ehrengäste, der Kieler-Woche-Matrose und natürlich das beeindruckende Team im Rathaus wurden von Finnley und Ben nach allen Regeln der Zauberkunst bezaubert und waren sehr zufrieden. Die beiden haben jetzt außerdem ein Foto mit Oberbürgermeister und Stadtpräsident. Und mehrere neue Fans, teilweise sogar sehr ehrliche. Als ich mit einem kleinen Kunststück an einem Stehtisch fertig war, sagte die Dame freundlich, aber bestimmt: „Das war gut, aber kann jetzt das Kind noch mal kommen?". Da habe ich das erste Mal über meine eigene Zauberrente nachgedacht. Und sehr gelacht. Und wieder großen Stolz gespürt. Es ist ein tolles Gefühl, wenn man Kinder und Jugendliche auf einem positiven Weg begleiten darf. Übrigens: Als Jochen in den Ruhestand ging, hat er der Kinderzaubergruppe seine Requisiten geschenkt, das war sehr nett von ihm. Ich weiß allerdings, dass er noch zwei wirklich sehr gute Kunststücke behalten hat... Sollten Sie ihn irgendwo treffen, rufen Sie ihm doch mal freundschaftlich zu: „Ey, Zauber-Jochi! Zeig mal die beiden Tricks! Ich weiß doch, dass Du sie noch hast!". Zur Not kann direkt danach ja eines der Kinder die Show weitermachen.

26. Festtag

Moin! Ich muss mich intensiv zurückhalten, Ihnen allen nicht schon heute ein frohes Fest zu wünschen, denn im Moment verbringe ich viel Zeit bei den Proben zu „Die Ass-Dur-Weihnachtsshow", die Ende November Premiere feiert. Seit 2009 bin ich der Regisseur des Musik-Kabarett-Duos aus Berlin. Benedikt Zeitner und Dominik Wagner sind Opernsänger, Pianisten, Zauberkünstler, Virtuosen an der Geige, Comedians, Musikwissenschaftler und vor allem: sehr, sehr lustig. Die Zuschauer haben Gefallen gefunden an der Mischung aus hochkarätiger Musik, Zauberkunst und vielen, vielen, vielen Gags. Wir haben uns gerade dabei immer große Mühe gegeben, die richtige Balance zu finden zwischen Flach- und Hochkultur. Normalerweise sind die abendfüllenden Programme für Tourneereisen ausgelegt, in diesem Jahr jedoch schreiben wir eine Show, die zunächst für einen einzigen Spielort vorgesehen ist und dort mehrere Wochen zu sehen sein wird. Das schafft natürlich ganz neue Möglichkeiten, Ass-Dur wird erstmalig gemeinsam mit einer mehrköpfigen Band auftreten und ein aufwändiges, weihnachtliches Bühnenbild um den Konzertflügel drapieren. Es ist wirklich nicht einfach, im Hochsommer (in Berlin war es tatsächlich ab und zu warm) an

Weihnachtsliedern zu arbeiten oder Pressefotos im Rentierkostüm zu machen – aber gerade das Absurde daran lässt es amüsant werden. Zum Proben treffen wir uns meistens tagsüber in einem Theater, weil es uns dort viel leichter fällt, neue Szenen zu entwickeln. Darüber hinaus sind Theater außerhalb der normalen Öffnungszeiten sehr spannend, dazu an anderer Stelle gerne viel mehr. Aktuell jedenfalls recherchieren wir die verschollenen zweiten Strophen deutschen Weihnachtsliedgutes (man kennt ja meistens nur die ersten), Berliner Eigenarten in der Discothek (da hat Dominik sich sogar mal richtig gehen lassen) und die echte, die wahre Weihnachtsgeschichte (da hat Benedikt sogar eine Powerpoint-Präsentation gebastelt).

Vielleicht haben Sie ja Lust, in der Vorweihnachtszeit einen Ausflug nach Berlin zu machen und viel zu lachen, die Show spielt ab dem 22. November im „Tipi am Kanzleramt" und wird – versprochen!- sehr weihnachtlich und sehr lustig. In diesem Sinne wünsche ich Ihnen nun allen... einen besonders frohen September! Oder, wie Dominik sagen würde: Was ist gelb und kann nicht schwimmen? Richtig. Ein Bagger.

27. Showbaby

Moin! An dieser Stelle habe ich Ihnen mehrfach an Beispielen deutlich gemacht, warum es ein Privileg ist, als Künstler auftreten zu dürfen. Zu meiner großen Überraschung habe ich in den nun fast 30 Folgen dieser Kolumne eines meiner TOP-3-Highlights verschwiegen: den Heiratsantrag im Grusellabyrinth.

Vor 7 Jahren spielten wir, damals noch in der Villa Fernsicht, die Dinnershow „Finalissimo", in der wir emotional Abschied nahmen vom ersten Standort. Die Vorstellungen dauerten zwischen 3 und 4 Stunden, Showblöcke, Essen und kurze Pausen wechselten sich ab. Immer, wenn auf der Bühne gerade nichts passierte, sind wir Darstellermit den Gästen ins Gespräch gekommen oder haben an den Tischen kleine Tricks oder Gags gemacht. Für solche Interaktionen benötigt man natürlich eine ungefähre Vorstellung, wohin die Reise gehen soll. Da wir ja auch Interesse daran hatten, dass die Zuschauer sich ab und zu gruseln (ich habe übrigens am Ende der Show auch ein Lied gesungen – weiß auch nicht so genau, warum mir das gerade jetzt einfällt...) und amüsieren (ich habe übrigens am Ende der Show ein Lied gesungen...), habe ich in fast jeder Show zu irgendeinem Pärchen so etwas gesagt wie „Ich will Sie jetzt ja nicht unter Druck setzen, aber wäre heute nicht der richtige Tag, um mal einen Heiratsantrag zu machen? Wie gesagt, kein Druck, aber ich finde, das würde passen!". Es war immer ein großer Lacher – bis eines Tages ein Gast antworte: „Ja, das stimmt". Er stand auf, kniete sich vor seine Freundin, holte einen Ring aus seiner Tasche und fragte neben romantischem Raunen und letztlich viel Applaus der anderen Gäste die berühmte Frage. Ja, sie wollte. Hui, war das ein Abend. Unser ganzes Team konnte es nicht fassen, aber der junge Mann wollte es sowieso an diesem Abend machen, nur halt eigentlich nicht, weil der Moderator ihn liebevoll zwingt.

Was soll ich sagen, ein Jahr später besuchten die beiden uns am neuen Standort in Kiel, verheiratet (miteinander), hochschwanger (sie), glücklich (beide). Es sollte nicht der letzte Besuch gewesen sein. Nach meinen Berechnungen, liebes Grusellabyrinthbaby, hast Du in wenigen Tagen Deine ersten Herbstferien. Toll! Viel Erfolg!

28. Landtag

Moin! Letzte Woche durfte ich in Oldenburg die „Goldmarie"-Verleihung moderieren. Seit einigen Jahren wird dieser Preis an Menschen verliehen, die sich selbstlos und mit besonderer Hingabe für andere eingesetzt haben. Das „Queere Netzwerk Niedersachsen" kannte ich schon als Moderator einiger CSDs, im Team sind ausschließlich freundliche Idealisten, die uns Künstler immer sehr gut behandeln. Die Veranstaltung fand im „Alten Landtag" statt (Oldenburg war schließlich mal ein Großherzogtum), einem sehr charmanten Gebäude. Als ich hineinging, war ich zunächst überrascht, dass mein heutiges Publikum wohl offensichtlich ausschließlich aus Jugendlichen in Anzügen und mit Aktenmappen bestehen würde. Bis ich merkte, dass am selben Tag in einem Nebensaal auch die Auswahlgespräche stattfanden für den Eintritt in den niedersächsischen Polizeidienst... Habe mich dann nach reiflicher Überlegung gegen diese verlockende Karriere entschieden und mich auf meinen eigentlichen Auftrag besonnen.

Bei der richtigen Veranstaltung im richtigen Saal spielte dann später auch ein richtiger Pianist wunderbare Musik. Ich habe mich so gefreut, ihn mal persönlich kennen zu lernen. Es war Henning Pertiet, der Neffe des fantastischen Gottfried

Böttger. Henning hat dieses Jahr den German Blues Award gewonnen und ist gerade auf großer Tournee. Googeln Sie ihn mal!

Was hat das nun mit der Stadt Kiel zu tun? Oh, so einiges. Wie wir schnell feststellten, haben wir beide in den letzten 20 Jahren sehr oft am selben Ort gespielt: in der Alten Meierei am See von HaGe Schlemminger in Postfeld, einem kleinen (aber sehr feinen) Wohnzimmertheater mit (viel) Atmosphäre. Leider traten wir an wirklich sehr unterschiedlichen Terminen auf, so dass es anscheinend nötig war, zu warten, bis wir uns im „Alten Landtag" einer niedersächsischen Stadt trafen. Das hat großen Spaß gemacht – bin irgendwie ganz froh, dass Oldenburg mal ein Großherzogtum war.

29. Gesundheitsklinik

Moin! Als ich das vergangene Jahr Revue passieren ließ, fiel mir etwas auf. Die Auftritte mit den lustigsten Momenten waren nicht unbedingt die auf großen Feiern oder Events, sondern eigentlich jene in der – für einen Zauberer – sonderbarsten Umgebung. Ich spreche von Rehakliniken, namentlich von zweien in Damp und Sankt Peter-Ording, wo ich seit vielen Jahren regelmäßig zaubern darf.

Auf den ersten Blick ist eine Klinik ja eigentlich alles andere als ein idealer Auftrittsort: Im Fokus steht nicht die Unterhaltung – und wahrscheinlich ist fast kein Zuschauer freiwillig dort. Oder sagen wir es so: Das Publikum wird sich sicher diverse andere Orte wünschen, an denen es lieber wäre. Die Seychellen zum Beispiel. Aber nützt ja nix.

Bei meinem ersten Auftritt in Damp, es muss vor über 10 Jahren gewesen sein, war ich wahnsinnig nervös. Wie würden die zum Teil schwer kranken Menschen auf den Konfettiwerfer und seine Gags reagieren? Man hatte mir (wie ich heute weiß: pädagogisch wertvoll) vorher schon mitgeteilt, dass es sehr gut sein könne, dass Zuschauer mittendrin einfach aufstünden und gingen, dabei solle ich mir um Himmels Willen nichts denken. Doch das sagt sich leichter als es sich eben nicht denkt. Man weiß ja nicht, ob jemand geht, weil er meine Schwammballtricks hasst – oder eben, weil er wirklich schlimme Rückenschmerzen hat.

Was soll ich sagen, die erste Show lief toll und ich muss heute etwas kleinlaut zugeben, dass alle Ängste völlig unberechtigt waren. Die Klinikgäste waren von Anfang an dankbar für etwas Ablenkung und Lachen am Abend und machten es mir mit ihrer Wertschätzung unglaublich leicht. Beeindruckt haben mich auch viele Gespräche mit Patienten während und nach der Show, ich bewundere Menschen, die trotz angeschlagener Gesundheit sehr viel Empathie besitzen, augenzwinkernd selbstironisch sind oder schlicht anderen ein gutes Gefühl geben wollen. Einmal – ich schwöre, dass die Geschichte stimmt! – gab ich eine Schere zum Untersuchen ins Publikum. Der ältere Herr nahm sie, schrie sehr laut auf und beschuldigte mich, dass ich drei seiner Finger weggezaubert hätte. Parallel dazu reckt er seine linke Hand in die Höhe, an der wirklich Finger fehlten. Kurz bevor ich mich zu Ende erschrocken hatte, sagt eine Dame von hinten links: „Keine Panik, den Gag macht er bei allen Frischlingen!". Wir haben alle sehr gelacht.

Zusammengefasst verdanke ich den Auftritten in Rehakliniken nicht nur die Freundschaft zu tollen

Künstlerkollegen (in Damp habe ich zum Beispiel den wunderbaren Erasmus Stein kennen gelernt), sondern wie eingangs erwähnt die lustigsten Momente des letzten Jahres. Ich freue mich auf die kommenden Shows dort und habe die Schere bereits eingepackt. So haben ja alle irgendwie etwas davon.

30. Hochzeit

Moin! Nun, warum diese Überschrift? Weil der April ja die verlängerte Startrampe der Hochzeitssaison ist, viele wichtige Messen sind abgeschlossen und spätestens in den Osterferien finalisieren die meisten privaten Veranstalter ihre Pläne. Meine Kollegen und ich werden also in den nächsten Wochen hoffentlich viele weitere Buchungen erhalten – und verhandeln, ob wir vor oder nach dem Dessert einmal, zweimal oder direkt am Tisch auftreten.

Hochzeiten sind wunderbare Auftrittsanlässe und nebenbei bemerkt auch im Drumherum sehr angenehm für die Künstler. Da sich meistens nicht alle Gäste untereinander kennen, muss man sich zwischen Ankunft und Auftritt nicht so sorgfältig verstecken wie sonst, die Chance auf ein „Häää? Wer is' er denn?" ist nämlich recht gering. Fast alle Brautpaare haben außerdem ihre Trauzeugen mit der Moderation des Abends beauftragt. Ich mag es sehr, wenn die Abläufe eine transparente Struktur haben.

Ein weiterer Grund, warum ich Hochzeiten aufrichtig liebe: Man sieht Orte, die einem sonst verschlossen sind, denn nicht alle Paare heiraten in einem Gasthof. Ich habe in den letzten 24 Jahren quasi alles gesehen, vom Traumschloss bis zum ausgehöhlten Baum, vom Leuchtturm bis zur Antikscheune. Oft war es inspirierend und wunderschön, fast immer etwas Besonderes.

Zurück zum Stück: Ich habe diebische Freude daran, im Gesicht der Braut während meiner Show die drei Stufen der Erleichterung zu erreichen: „Gott sei Dank, es ist was Lustiges", „Gott sei Dank, er holt mich nicht nach vorne" und natürlich „Gott sei Dank, ich kann mal 25 Minuten sitzen".

Heiraten Sie demnächst? Interessieren Sie sich für drei Entspannungsstufen im Gesicht der Braut? Dann engagieren Sie einen Zauberer aus Ihrer Region. Wir sind alle voll nett! Und können Tricks!

Leben Sie in einer festen Partnerschaft, sind aber nicht verheiratet? Ich will Sie nicht unter Druck setzen, ABER: Wäre nicht dieser April auch für Sie die ideale Startrampe?

31. Wursttombola

Moin! Natürlich werden wir Zauberer nicht nur von Kunden gebucht, auch unsere Familien oder Freunde greifen in der Regel gern zurück auf eine magische Einlage, wenn sie feiern. Unter anderem aus diesem Grund bin ich in den letzten 24 Jahren an vielen interessanten Orten aufgetreten. Manchmal gegen Gage, manchmal aus Freundschaft „einfach so" und manchmal auch im Tausch gegen zum Beispiel einen Auftritt bei einem meiner Projekte. Heute möchte ich Ihnen in diesem Sinne etwas über Wurst erzählen. Über echte Wurst. Ja, ernsthaft. Und das geht so:

Mein Freund und Lehrerkollege Torben engagiert sich in seinem Wohnort in der Freiwilligen Feuerwehr und sitzt unter anderem auch im Festausschuss für den alljährlichen Feuerwehrball. Ob ich auf der Veranstaltung zaubern könne. Ehrensache, ich reise dann rechtzeitig gegen 20:45 an und mache zunächst das, was wir Künstler oft am besten können müssen. Warten. Nun müssen Sie aber wissen, dass man meistens in einem Flur rumsteht oder im Auto sitzt bis man dran ist oder – in Landgasthöfen der Klassiker – einem früher als Garderobe für Theater genutzten Abstellraum für alles (wirklich alles), was in einem Betrieb mit Festsaal und Außenausschank so rumstehen kann (...kennen Sie noch Raider, den Schokoriegel? Ich könnte Ihnen verraten, welche 3 Wirte noch die Werbeschilder bunkern. Herrlich!). Dieses Mal jedoch durfte ich in einem sehr schönen Schankraum warten, in dem schon die Tombola aufgebaut war. Und was für eine. Auf dem Foto sehen Sie lediglich, ich würde sagen, ein Fünftel der Preise. Rein rechnerisch wären sicherlich für jeden der 150 Gäste 4 Teile zu gewinnen. Und das Allerbeste: Ein großer Teil der Gewinne war Wurst. Wurst! Eingeschweißte Qualitätswurst jeder Art vom örtlichen Schlachter (auch Feuerwehrmann, auch nett). Ich muss ehrlich zugeben, dass ich für die gesamte Wartezeit meinen Vegetarierstatus vergaß und ganz verzückt war. Ich habe zwar keine gegessen, mich aber total gefreut, weil ich (Zauberer!) vorhersah, wie sich nachher wahrscheinlich alle Gewinner freuen würden.

Letztlich, so berichtete Torben, war es dann auch so: Neben der ganzen Gewinnfreude kam es zu sehr vielen sehr lustigen Tauschaktionen (Mett- gegen Leberwurst und so). Wenn ich heute daran zurückdenke, gefällt mir zusätzlich auch das leidenschaftliche Engagement der Feuerwehrkameradinnen und -kameraden für die gute Sache. Und die Wurst.

PS: Meine Kollegen und ich treten auch für Sie auf, wenn Sie keine Wursttombola haben.

32. Eigendeko

Moin! Schon mehrfach hatte ich Ihnen an dieser Stelle von lustigen Situationen berichtet, die um den eigentlichen Auftritt herum passieren können. Aus Gründen, die sich mir nicht erschließen, habe ich Ihnen bisher allerdings ein Highlight verschwiegen. Aber der Reihe nach.

Wenn man Zauberanfänger ist, stellt sich einem ja recht schnell die Frage, was man bei Auftritten für Kleidung trägt. Ist man mehr so der rockige Typ, der zu Musik E-Gitarren und Pyroblitze erscheinen lässt? Dann wäre ein Smoking vielleicht hinderlich. Ist man mehr so der Typ, der elegant-geheimnisvoll exquisite Seidentücher magisch verkettet? Dann würde ich vom Muskelshirt als Kostüm abraten. Ich habe mich in den 90ern stark an meinen beiden Zauberlehrern orientiert und einfach einen Anzug angezogen. Und eine Anzughose. Und Anzugschuhe. Und eine Anzugweste. Und ein gutes Hemd. Und eine Krawatte. Das fand ich ziemlich edel. Verschweigen möchte ich an dieser Stelle, dass die Komponenten farblich, nun ja, schwierig harmonierten. Totschweigen werde ich außerdem, dass ab dem Jahr 2001 mehrfach Leute mir nach der Show irgendeinen Zettel hinhielten und so etwas sagten wie „Geile Show. Aber: Hier ist mein Fahrschein, hahahaha". Ich erinnerte sie wohl an einen Schaffner – offensichtlich hatte die Deutsche Bahn in den 90ern das Monopol auf rote Krawatten...

Zurück zum Stück. 1997 war ich Besucher auf einem Weltkongress der Zauberkunst in Dresden und kam zurück mit vielen Inspirationen und neuen Kunststücken. Außerdem hatte mir eine Kollegin eine Brosche geschenkt, die das Magica-Symbol, eine schwebende Figur mit Zauberstab, zierte. Diesen Anstecker habe ich viele Jahre am Revers getragen, wenn ich aufgetreten bin. Leider hielten mich dann in schöner Regelmäßigkeit die Väter der Geburtstagskinder an der Haustür für a) einen Handelsvertreter oder b) einen Religionsbeauftragten, ich musste also irgendwann mal umdekorieren. Aus meiner Zeit in Disneyland hatte ich noch eine ebenfalls mystisch aussehende Brosche, die aber irgendwie weniger sakral wirkte. Leider habe ich sie dann 2009 verloren, sogar gleich zweimal. Und das einzig Gute an dieser wahren Geschichte ist die wahre Pointe, auf die dieser Text gerade zusteuert. Ich merke nach dem Auftritt, dass die Brosche verschwunden ist und frage im Serviceteam nach – leider hat auch nach diversen Minuten des gemeinsamen Suchens niemand etwas gefunden. Später, ich will gerade ins Auto steigen, hält mich die sehr, sehr betrunkene Schwester der Braut am Arm fest und fragt, ob die verlorene Brosche so und so aussähe, sie habe sie gefunden. Ich bin erfreut, strahle sie an und sage „JA!"´. Daraufhin sie, und zwar liebevoll gelallt:

„Das ist ja schrecklich, die habe ich vor 15 Minuten gefunden. Und dann gleich wieder verloren!".

Da mussten wir beide lachen.

33. Weltmeister

Moin! Hatten Sie einen guten Sommer? Oder einen wunderbaren? Wir Zauberer haben meistens einen interessanten, weil in den warmen Monaten viele Feste und Festivals gefeiert werden, auf denen wir dann tätig werden. Alle drei Jahre jedoch nehmen wir uns selbst ein wenig mehr Urlaub und reisen in ein anderes Land zur Zauberweltmeisterschaft. Das ist eine schöne Tradition, sie hat mich seit 1997 zum Beispiel nach Dresden geführt (damals noch ziemlich frisch nicht mehr ein anderes Land), nach Backpool, Rimini, Den Hag oder in diesem Sommer Südkorea. Man trifft dann auf 2000 bis 4000 andere Amateur- und Profizauberkünstler und einige Damen unserer Zunft und ist für eine Woche mit allen quasi durchgehend in ein Kongress-gebäude gesperrt. Also freiwillig. Wie auf einer gewöhnlichen Convention gibt es dann Seminare, Vorträge und Händlerstände, teils hochspezialisiert (in Südkorea verkaufte jemand ausschließlich Requisiten aus Glas, ein anderer nur besonders schöne Kartenspiele und so weiter, es war eine Wucht).

Ich habe für mein Schultheater drei sehr poetische Effekte erworben, auf die ich mich sehr freue, unter anderem gibt es ein Schwebekunststück mit... Ne, Moment, das erzähle ich erst später.

Das Herz einer jeden Zauberweltmeisterschaft jedoch ist natürlich aber der Wettbewerb in den verschiedenen Sparten unserer Kunst (zum Beispiel Sprechzauberei, Großillusionen, Kartenkunst etc.), dieses Jahr hatten sich in den teilnehmenden Ländern über 100 Nummern qualifiziert und so startete der Kongresstag immer mit mehreren Stunden exzellenter Zauberkunst. Deutschland war gut vertreten und unsere Zauberer haben sehr gut abgeliefert, es gab zwei zweite Plätze und in der Sparte Sprechzauberei sogar eine Weltmeisterplatzierung. Diese durfte Marc Weide mit nach Hause bringen – den kennen Sie ja wohl aus seiner Fernsehsendung in der ARD. Ansonsten googeln Sie bitte, das ist tatsächlich ein feiner und sehr, sehr witziger Kerl (ähnlich kreativ wie die Ehrlich Brothers, nur eben mit einer richtigen Frisur – kleiner Scherz).

Mein Kieler Kollege und ehemaliger Zauberschüler Jeff de Fire und ich hatten uns übrigens daheim länger nicht gesehen und fanden es zum Schreien komisch, dass wir regelmäßig weit weg und auf andere Kontinente fliegen müssen, um viel Zeit miteinander zu verbringen, obwohl wir eigentlich wenige Hundert Meter auseinander wohnen. Das machen wir in drei Jahren wieder! In Kanada! Schon gebucht. Jeff auch. Ich freue mich!

34. Schultheater

Moin! Mitte September startete das Festival „Schultheater der Länder", das jedes Jahr in einem anderen Bundesland stattfindet. Aus jedem Bundesland wählt eine Fachjury eine Spielgruppe aus, die dann für eine Woche an diesem fantastischen Kongress teilnehmen darf. Alle Gruppen zeigen ihr Stück auf professionellen Bühnen und es gibt eine sehr schülernahe und wertschätzende Feedbackarbeit, zusätzlich nehmen hunderte Lehrkräfte an einer Fachtagung mit Vorträgen und Workshops teil. Ich durfte mehrere Veranstaltungen als Moderator begleiten und bin immer noch total froh (altersangemessene Sprache) und „geflasht" (Jugendsprache) – es war so toll.

Zugegeben, ich war sehr angespannt bei der Eröffnungsveranstaltung, das Kieler Opernhaus hat 800 (besetzte!) Plätze und wir hatten nur 2 Stunden Zeit zum Proben, außerdem waren so viele Freunde und Bekannte im Publikum, dass es dann irgendwie echt doof gewesen wäre, wenn mein Text nicht funktioniert hätte oder so. Aber, hui und puhhhh, es war wirklich ein sehr angenehmer Abend. Im Anschluss eröffnete für Schleswig-Holstein dann das Ensemble der Theodor-Storm-Gemeinschaftsschule aus Kiel das Festival mit dem fulminanten und selbstgeschriebenen Stück über Religionen „Na, Gott sei Dank" – Standing Ovations, ganz doll mit Recht. Wir haben in der Nachbesprechung übrigens von Bayern sehr viel Lob bekommen. Die scheinen ja doch ganz nett zu sein.

Der Platz reicht nicht aus, um über alle Highlights zu berichten, ich möchte aber zwei noch nennen. Da ist zum einen der Inspizient des Kieler Schauspielhauses, Wlodek Brühl, der mich im Backstage 40 Sekunden vor meinem Auftritt fragt: „Bist Du aufgeregt?" und mir auf mein zögerliches Bejahen ein zärtliches „Solltest Du auch!" ins Ohr kreischt. Ich bildete mir in den ersten 5 Minuten auf der Bühne dann auch ein, ihn immer noch lachen zu hören. Wir haben uns schon bei verschiedenen Veranstaltungen getroffen, er schafft es jedes Mal, mich mit irgendetwas reinzulegen, ich liebe es.

Zum ersten Mal hingegen traf ich unsere Bildungsministerin Karin Prien, die aufgrund ihres großen Interesses am Schultheater zum Festival gekommen war und sehr aufregende Neuigkeiten im Gepäck hatte. Unser Bundesland wird nämlich bald eine Professur in Flensburg einrichten, die sicherstellt, dass neue Lehrkräfte vollumfänglich für Theaterunterricht an Schulen ausgebildet werden können. Bei der Verkündung hatten viele von uns einen Kloß im Hals und

Tränen in den Augen oder an der Wange, im Publikum saßen viele Lehrkräfte, die jahrzehntelang genau dafür gekämpft hatten. Ein toller Moment, Sie können ein kurzes Video dazu auf meiner Facebookseite anschauen.

Fazit: Ich bin froh, so viele tolle Menschen vor, auf und hinter der Bühne getroffen zu haben. Die Aufregung war angebracht. Ich bin neu verliebt, vor allem in das Schultheater an sich – und, ja, auch in Bayern. Cool, oder? Und jetzt die gute Nachricht! Sie könne das auch alles erleben. Bitte gehen Sie ins Theater!

35. Zeitpunkt

Moin! Wir Künstler treffen ja eigentlich bei jedem neuen Auftritt viele Leute zum ersten Mal. Sehr, sehr oft sind es echt interessante Originale, Typen und nicht zuletzt Kolleginnen und Kollegen. Oder alles davon. Neulich wurde ich für eine private Geburtstagsfeier engagiert in einem Steakhaus in Altenholz, 25 Zuschauer, Zaubershow nach dem Essen. Die Auftraggeberin war Uschi, so durfte ich sie sofort nennen, die schon beim ersten Telefonat mein Herz im Sturm eroberte. Sie wünschte sich „bloß keine langweilige Feier" für ihre Gäste, die alle „schwer in Ordnung und sehr humorvoll" seien. Relativ schnell kamen wir auf ihr Berufsleben zu sprechen – und das hat es in sich. Meine Kundin war nicht nur mehrfach ausgezeichnete Friseurmeisterin, sondern hatte ein Jahrzehnt lang als Artistin im Zirkus gearbeitet. Wow. Normalerweise ist für Auftritte auf privaten Feiern kein persönliches Treffen mit Vorgespräch nötig, meist reicht ein in Ruhe geführtes Telefonat, um alle Fragen abzuklären. In Uschis Fall aber nahm ich begeistert die Einladung zu einem Treffen im Vorfeld des Auftritts an, das fand ich sehr spannend. Wir haben uns in ihrem Salon getroffen, in dem sie, trotz des bereits erreichten Pensionsalters, die Schere schwingt und eine beachtliche Zahl an Stammkunden betreut. Das

Geschäft ist modern ausgestattet, von außen aber wunderbar verrückt mit einer beeindruckenden und riesigen Jugendstilmaske versehen. Wenn Sie die Kieler Innenstadt kennen, wird Ihnen sofort klar sein, welches Ladengeschäft ich meine. Wir hatten eine wunderbare Unterhaltung (mit mehrfachem Lachen an der Schallgrenze) und waren uns sofort einig, dass es ja wohl die absolute Höhe sei, dass wir all die Jahre in derselben Stadt komplett aneinander vorbeigearbeitet hätten. Auch ihr Ehemann hat in seinem Leben genug erlebt, um drei Bücher zu schreiben, zum Beispiel über das King George oder seine Auftritte als Figaro. Und der Sohn der Jubilarin ist ebenfalls Künstler und hat eine eigene, sehr erfolgreiche Agentur. In einem der Räume des Salons übrigens zeigt Uschi in Vitrinen sehr sehenswerte Fotos, Urkunden und Requisiten aus ihrem Berufsleben. Herrlich!

Aber wie war denn nun der Auftritt im Steakhaus? Schön! Und warum? Naja, der ganze Raum war angefüllt mit Menschen, mit denen jeder gerne zusammensitzen würde, der bei Trost ist. Ich hatte große Freue mit dem Publikum und dem tollen Personal, später zeigten mir zwei Gäste noch sehr gute Partytricks, die ich noch gar nicht kannte. Leider hatte ich noch einen Anschlusstermin, sonst wäre ich auf jeden Fall noch auf 5 bis 12

Getränke geblieben. Fazit: Das war echt toll! Natürlich könnte ich jetzt noch ein wenig jammern, dass ich diese wunderbar inspirierenden Menschen erst jetzt, erst nach 25 Jahren „im Geschäft" kennen gelernt habe. Aber: Ich freue mich lieber, sie jetzt endlich getroffen zu haben. Beim Friseur und im Steakhaus. Verrückt!

36. Handschlag

Moin! Viele Jahre habe ich mich sehr erfolgreich geweigert, als Gast oder Künstler im Karneval aufzutreten. Zu laut (Menschen und Musik), zu seltsam (Orden und Mützen) und zu voll (Räume und Menschen). Ich hatte das Gefühl, dass da meine Sprechzauberer-Nummern sicher völlig fehl am Platze und meine Witze ganz bestimmt nicht platt genug wären. Ich kürze ab: Man hat mich im letzten Jahr von diesem hohen Ross gestoßen. Und es fühlt sich gut an. Ich war durch Zufall mehrfach auf den privaten Festen eines Karnevalspräsidenten aufgetreten und merkte dabei langsam aber sicher: Das sind echt nette Leute. Eines Tages nahm er mich verschwörerisch zur Seite und eröffnete mir, dass er eine sehr gute Idee habe. Und dann wurde ich irgendwie weich und vereinbarte per Handschlag neben einer apart-charmanten Gartenlaube auf dem Ostufer meinen ersten Auftritt im Kieler Karneval. Oh Gott!

Ich überspringe die Phase, in der ich sehr nervös war und komme direkt zur Pointe: Die Karnevalsgesellschaft Eulenspiegel ist inzwischen für mich zu einem Phänomen geworden. Auf der einen Seite hat sie alles, was man aus dem Fernsehen kennt: Kostüme, Musikzug, Einmarsch-Ausmarsch, lustige Orden und diverse Redner. Auf der anderen Seite aber lernte ich bei der

Vorbesprechung und auch den Auftritten selbst so viele unglaublich tolle, freundliche und engagierte Menschen kennen (Hallo, Corinna!), dass ich mich selbst schon mehrfach ausgeschimpft habe für meine jahrelange Anti-Haltung. Wie bescheuert und verschlossen kann man sein?!

Nachdem mein Kurzauftritt letztes Jahr so viel Spaß gemacht hatte, willigte ich für 2019 -wieder per Handschlag- ein, mit einem Mitglied des Elferrats eine komische Hellsehernummer einzustudieren. Die Proben liefen herrlich, das Kostüm passte perfekt und die Leute haben uns bei der Premiere sehr gut behandelt. Insgesamt sind wir dreimal damit aufgetreten in dieser Session, am Schluss sogar mit unserem Stadtpräsidenten im Publikum. Wir haben sehr viel zusammen gelacht und uns im wahrsten Sinne des Wortes neu kennen gelernt.

Ich nehme aus meiner Eulenspiegelerfahrung deshalb unter anderem das Folgende als Tipp für die Zukunft mit: öfter mal etwas Neues ausprobieren!

Es lohnt sich!

Hand drauf!